Loyauté et deloyauté

Ceux qui OUBLIENT

DAG HEWARD-MILLS

Parchment House

Sauf indication contraire, toutes les citations bibliques sont tirées de la version Louis Segond de la Bible

Titre original : ***Those Who Forget***
Publié pour la première fois en 2011 par Parchment House

Traduit par : Professional Translations, Inc.

Version française publiée pour la première fois en 2011
Quatrième impression en 2015
par Parchment House

Pour savoir plus sur Dag Heward-Mills
Campagne Jésus qui guérit
Écrivez à : evangelist@daghewardmills.org
Site web : www.daghewardmills.org
Facebook : Dag Heward-Mills
Twitter : @EvangelistDag

ISBN : 978-9988-8501-6-6

Table des matières

Chapitre 1

L'injustice de ceux qui oublient

[...] Dieu n'est pas injuste, pour oublier [...]

Hébreux 6 : 10

1. CEUX QUI OUBLIENT SONT INJUSTES.

CAR DIEU N'EST PAS INJUSTE, POUR OUBLIER votre travail et l'amour que vous avez montré pour son nom, ayant rendu et rendant encore des services aux saints.

Hébreux 6 : 10

La plupart des gens sont conscients des « quatre grands péchés » : le mensonge, le vol, la fornication et le meurtre. Si vous deviez demander aux gens d'établir une liste des péchés, ils ne mentionneraient probablement pas le péché de l'oubli. Pourtant la parole de Dieu est claire à ce sujet. *Oublier c'est être injuste !* Oublier, ne pas reconnaître, ne pas se souvenir sont des péchés devant Dieu.

La jeune fille oublie-t-elle ses ornements, la fiancée sa ceinture ? Et mon peuple m'a oublié depuis des jours sans nombre.

Jérémie 2 : 32

Il est inconcevable d'oublier certaines des choses que les injustes oublient.

Ce passage biblique bien connu sur le sujet de la régression souligne qu'une mariée n'oubliera pas sa robe de mariée. La robe de mariée est la chose la plus précieuse pour une mariée.

Beaucoup de fiancées commandent leur robe de mariée bien avant leur mariage. Dans ce passage, l'absurdité de l'oubli de Dieu est comparée à la possibilité inconcevable qu'une mariée puisse oublier sa robe de mariée.

Les gens grandissent et oublient ceux qui se sont occupés d'eux, les ont nourris et aimés. Ils oublient ceux qui les ont amenés au Christ, ceux qui les ont élevés dans le Seigneur et ceux qui les ont dirigés vers le ministère. Est-il possible que les gens puissent oublier ceux qui les ont aidés au carrefour le plus important de leur vie ? Peuvent-ils tout d'un coup se retourner contre ceux mêmes qui les ont élevés ? La réponse est « Oui » ! Cela arrive tout le temps.

Les gens oublient Dieu une fois qu'ils prospèrent. L'Europe a abandonné Dieu parce qu'elle est devenue le continent le plus riche. Pourtant c'est Dieu qui leur a donné ce qu'ils ont. Les gens deviennent athées une fois devenus millionnaires. Quel péché pathétique d'oublier celui qui vous a tout donné ! Sans aucun doute, cette injustice mérite la plus terrible des punitions.

2. CEUX QUI OUBLIENT SONT INJUSTES ET N'ONT PAS LA NATURE DE DIEU.

CAR DIEU N'EST PAS INJUSTE, POUR OUBLIER votre travail et l'amour que vous avez montré pour son nom, ayant rendu et rendant encore des services aux saints.

Hébreux 6 : 10

Dieu n'oublie pas ! L'homme oublie, mais Dieu n'oublie pas ! Ceux qui oublient n'ont pas la nature de Dieu ! C'est la manifestation de la nature déchue de l'homme méchant et dépravé d'oublier ce qui ne doit jamais être oublié.

Une personne gouvernée par la parole de Dieu et l'Esprit de Dieu n'oublie pas certaines choses.

L'homme naturel n'aime pas se souvenir de ceux qui l'ont aidé. L'homme naturel qui n'est pas sauvé n'aime pas se rappeler d'où il vient. L'homme naturel veut que personne ne sache comment il est devenu ce qu'il est.

Mais ce n'est pas la nature de Dieu. Quand Jésus était sur terre, Il nous disait sans cesse d'où Il venait. Il disait qu'il ne pouvait rien faire de Lui-même.

Il disait qu'il ne faisait que répéter les paroles que Son père lui soufflait.

Ceci est en contraste frappant avec l'homme injuste et fier. L'homme orgueilleux et méchant ne révèle pas ses origines et ses débuts. Il croit qu'il s'est fait lui-même et pense qu'il est arrivé là par son propre pouvoir.

3. CEUX QUI OUBLIENT SONT INJUSTES, SONT MAUDITS À SE DESSÉCHER.

Le jonc croît-il sans marais ? Le roseau croît-il sans humidité ? Encore vert et sans qu'on le coupe, il SÈCHE plus vite que toutes les herbes. Ainsi arrive-t-il À TOUS CEUX QUI OUBLIENT DIEU [...]

Job 8 : 11-13

Ceux qui oublient sont condamnés à se dessécher. Le péché de l'oubli est si grave que les malédictions pleuvent sur la vie de ceux qui oublient. Vous n'avez pas besoin de faire l'objet d'une malédiction pour avoir oublié des choses importantes. L'Écriture Sainte a déjà expliqué que ceux qui oublient Dieu se dessècheront. Veillez à vous souvenir de toutes les voies que le Seigneur a ouvertes pour vous et de tout ce qu'Il a fait pour vous.

4. LES INJUSTES NE SONT PAS CONSCIENTS DES DANGERS DE L'OUBLI.

Sur les bords des fleuves de Babylone, nous étions assis et nous pleurions, en nous souvenant de Sion. Aux saules de la contrée nous avions suspendu nos harpes.

Là, nos vainqueurs *nous demandaient* des chants, et nos oppresseurs de la joie : Chantez-nous quelques-uns des cantiques de Sion ! Comment chanterions-nous les cantiques du SEIGNEUR sur une terre étrangère ?

SI JE T'OUBLIE, JÉRUSALEM, QUE MA DROITE OUBLIE SON HABILETÉ !

QUE MA LANGUE S'ATTACHE À MON PALAIS, SI JE NE ME SOUVIENS DE TOI, si je ne fais de Jérusalem le principal sujet de ma joie !

Psaume 137 : 1-6

Vous devez commencer à prendre le souvenir très au sérieux. Le psalmiste savait que ce serait une tragédie d'oublier Jérusalem. Il s'est lui-même assujetti à une malédiction s'il ne se souvenait pas d'où il venait. Cela montre l'importance du souvenir. Autant cesser de vivre si vous ne vous souvenez pas de certaines choses. Votre langue s'attachera à votre palais, si vous ne pouvez pas vous souvenir d'où Dieu vous a élevés. Votre main droite ne sera pas capable d'écrire des chèques si vous oubliez ce que Dieu a fait pour vous.

5. LES INJUSTES OUBLIENT DIEU QUAND ILS SONT RASSASIÉS, QUAND ILS ONT DES MAISONS ET QUAND ILS SONT RICHES.

LORSQUE TU MANGERAS ET TE RASSASIERAS, LORSQUE TU BÂTIRAS ET HABITERAS DE BELLES MAISONS, lorsque tu verras multiplier ton gros et ton menu bétail, s'augmenter ton argent et ton or, et s'accroître tout ce qui est à toi, prends garde que ton cœur ne s'enfle, et que tu n'oublies le Seigneur ton Dieu, qui t'a fait sortir du pays d'Égypte, de la maison de servitude ;

Deutéronome 8 : 12-14

L'injustice de l'oubli affecte généralement les gens qui sont *rassasiés* ! Ceux qui vivent dans leurs propres maisons ont tendance à oublier Dieu. Ceux qui ont multiplié tout ce qu'ils ont, oublient rapidement Dieu eux aussi.

Vous devez devenir riches et prospères tout en vous souvenant de là où vous venez. Il est triste de constater que beaucoup de gens riches parlent beaucoup, mais donnent peu. Les gens parlent des bénédictions que Dieu leur a données, mais ils n'honorent pas Dieu pour ce qu'Il a fait.

6. LES INJUSTES QUI OUBLIENT SONT SOUVENT FIERS.

Lorsque tu mangeras et te rassasieras, lorsque tu bâtiras et habiteras de belles maisons, lorsque tu verras multiplier ton gros et ton menu bétail, s'augmenter ton argent et ton or, et s'accroître tout ce qui est à toi, PRENDS GARDE QUE TON CŒUR NE S'ENFLE, et que tu n'oublies le Seigneur ton Dieu, qui t'a fait sortir du pays d'Égypte, de la maison de servitude ; Garde-toi de dire en ton cœur : « Ma force et la puissance de ma main m'ont acquis ces richesses ».

Deutéronome 8 : 12 - 14 : 17

L'orgueil est l'une des principales causes de l'oubli. Les gens ne veulent pas reconnaître que Dieu les a aidés. Ils ne veulent pas reconnaître qu'un être humain les a aidés. Ils estiment en fait dans leur cœur qu'ils se sont faits tous seuls et ils veulent que vous pensiez la même chose. Ces gens-là ne reconnaissent pas Dieu et leur cœur s'enfle.

Les gens qui ne paient pas la dîme ne reconnaissent pas le rôle de Dieu dans leur prospérité. Quand le cœur des gens s'enfle, ils disent : « J'ai travaillé dur pour obtenir ce que j'ai ».

Les Païens Modernes d'Europe

Je demandai un jour à une riche Européenne si elle croyait en Dieu. Elle me regarda avec étonnement, presque surprise que je lui aie posé une question aussi « bête ».

« Bien sûr que non », me répondit-elle.

Se désignant du doigt, elle me dit : « Je crois en moi. Pourquoi devrais-je croire en Dieu ? »

J'ai entendu bon nombre d'Européens dire que les Africains croyaient en Dieu parce qu'ils ne trouvaient pas de solutions à leurs problèmes. L'Europe moderne, qui propageait jadis le Christianisme dans le monde entier, est noyée dans l'incroyance et le paganisme. Ce fléau démoniaque qui ronge l'Europe est caractérisé par le fait de croire en soi et dans le fait de travailler dur sans faire appel à Dieu. L'Europe est tombée dans l'injustice et la méchanceté parce qu'elle a oublié Dieu.

7. LES INJUSTES NE SE SOUVIENNENT DE PERSONNE UNE FOIS DEVENUS RICHES.

Quand les gens deviennent riches, ils oublient très facilement comment ils ont obtenu cette richesse. Ils supposent en quelque sorte que la richesse leur est venue de leurs propres efforts et non pas vraiment par la grâce de Dieu.

Avez-vous remarqué qu'il n'y a pas beaucoup de gens vraiment riches qui vont à l'église régulièrement ? Peu de riches paient la dîme. La plupart de ceux qui paient la dîme sont des salariés qui ne gagnent pas beaucoup.

Les magnats de l'industrie pensent qu'ils gagnent « trop pour payer la dîme ». C'est pourquoi une mise en garde spéciale de se souvenir est donnée à ceux qui ont reçu le pouvoir d'obtenir la richesse :

> **Souviens-toi du Seigneur ton Dieu, car c'est LUI QUI TE DONNERA DE LA FORCE POUR ACQUÉRIR LA RICHESSE, afin de confirmer, comme il le fait aujourd'hui, son alliance qu'il a jurée à tes pères.**
>
> **Si tu OUBLIES le SEIGNEUR ton Dieu, et que tu ailles après d'autres dieux, si tu les sers et te prosternes devant eux, je vous déclare formellement aujourd'hui que vous périrez.**
>
> **Deutéronome 8 : 18-19**

8. LES INJUSTES NE SE SOUVIENNENT PAS DE LEURS PÉCHÉS ET FAUTES PASSÉS.

> **SOUVIENS-toi, n'OUBLIE pas de quelle manière tu as EXCITÉ LA COLÈRE DU SEIGNEUR TON**

DIEU, dans le désert. Depuis le jour où tu es sorti du pays d'Égypte jusqu'à votre arrivée dans ce lieu, vous avez été rebelles contre le SEIGNEUR.

Deutéronome 9 : 7

Pourquoi devez-vous vous souvenir de vos péchés et de vos fautes ? Parce que le souvenir de vos péchés et de vos fautes vous fait reconnaître combien de grâce et de miséricorde vous ont été manifestées. Il vous permet également de reconnaître que ce n'est pas par voie de droiture que vous êtes à Son service.

Un rappel constant de votre rébellion et de vos péchés passés vous gardera dans un bien humble état d'esprit. Quand vous oubliez que vous avez été rebelle, vous n'avez pas de compassion pour ceux qui sont au même stade que vous il y a quelques années. Le souvenir de ses échecs contribue grandement à susciter l'humilité.

Le pasteur brisé

Un pasteur au cœur brisé me dit un jour : « Ma femme m'a divorcé il y a quelques années ».

Il poursuivit : « Chaque fois que je me fâche avec mon personnel et que je commence à les réprimander, une voix me dit : 'Tu ferais mieux de te taire puisque tu n'as même pas été capable de garder ta propre femme' ». J'étais tellement désolé pour lui.

J'avais vu cet homme réprimander et reprendre des gens quelques années auparavant. À cette époque, il semblait avoir très peu de compassion ou de compréhension envers les autres.

Mais maintenant, après avoir été abandonné par sa femme, il était complètement différent. Comme il l'avait dit lui-même, chaque fois qu'il se souvenait de son divorce, il se radoucissait à l'égard des autres. Je réalisai à quel point il était devenu plus humble après son divorce.

Le souvenir de vos fautes passées est important car il vous garde sur la voie de la droiture. Se souvenir de vos fautes passées vous empêche également de suivre le même chemin.

9. LES INJUSTES VIVENT DANS LA TERRE DE L'OUBLI QUI EST UN LIEU DE MORT.

Est-ce pour les morts que tu fais des miracles ? Les morts se lèvent-ils pour te louer ? Pause.

Parle-t-on de ta bonté dans le sépulcre, de ta fidélité dans l'abîme ? Tes prodiges sont-ils connus dans les ténèbres, ET TA JUSTICE DANS LA TERRE DE L'OUBLI ?

Psaume 88 : 10-12

Un ministre qui habite dans un monde d'oubli habitera dans une terre de mort. La Bible appelle la terre de l'oubli la terre de mort et le sépulcre.

Veillez à ne pas habiter dans un monde où vous ne vous souvenez pas des choses importantes.

Il y a des ministres qui ne se souviennent pas de leurs pères spirituels. Ces gens-là habitent dans la terre de l'oubli, qui est une terre de mort. Il y a des gens qui ne se rappellent pas ou ne reconnaissent pas ceux qui les ont aidés. En effet, vous habitez au milieu de la mort quand vous oubliez. Se souvenir, c'est donner vie à votre vie ! Se souvenir, c'est pratiquer la justice ! Dieu nous commande de nous souvenir ! Le souvenir est la volonté de Dieu !

10. LES INJUSTES OUBLIENT LEURS HUMBLES DÉBUTS.

Tu te SOUVIENDRAS QUE TU AS ÉTÉ ESCLAVE AU PAYS D'ÉGYPTE, et que le Seigneur ton Dieu t'a racheté ; c'est pourquoi je te donne aujourd'hui ce commandement

Deutéronome 15 : 15

L'injuste oublie qu'il était jadis esclave. Vous souvenir de vos humbles débuts est essentiel dans votre lutte contre l'orgueil. La plupart des gens qui ont réussi ont connu d'humbles débuts. La plupart des gens qui ont réussi ont vaincu des difficultés. Si les habitants de cette terre se souvenaient d'où ils venaient, il y aurait un million de fois plus d'amour, de compréhension et de compassion dans le monde. Le monde entier serait sans doute peuplé de patrons plus sympathiques et de dirigeants plus aimables.

11. LES INJUSTES OUBLIENT VITE.

Seulement, prends garde à toi et veille attentivement sur ton âme, TOUS LES JOURS DE TA VIE, de peur que tu n'oublies les choses que tes yeux ont vues, et QU'ELLES NE SORTENT DE TON CŒUR ; enseigne-les à tes enfants et aux enfants de tes enfants ;

Deutéronome 4 : 9

Certaines choses ne doivent jamais sortir de votre cœur tous les jours de votre vie. Il est important de vous souvenir de certaines choses pour le reste de votre vie. Quand le Seigneur a fait de grandes choses pour vous, vous n'êtes pas censé vous en souvenir pendant seulement cinq ans. Beaucoup de gens ne se rendent pas compte qu'ils sont redevables à Dieu pour toujours. Il ne s'agit pas de vous en souvenir pendant un certain nombre d'années. Il s'agit de vous en souvenir pour le reste de votre vie. Les gens se souviennent de leur salut pendant quelques années puis « mûrissent » et ne parlent plus jamais du salut. Comme c'est triste !

Un jeune pasteur rebelle a dit un jour au sujet de son père spirituel : « Je ne lui dois rien. Je l'ai assez honoré ». Mais il se trompait. Il devait lui être reconnaissant et lui rendre hommage pour le reste de sa vie parce que ce qui avait été fait pour lui avait influencé *toute sa vie*. Paul dit à Philémon : « Tu me dois toute ta vie. »

Un autre pasteur bouffi d'orgueil me dit : « Je vous ai servi pendant cinq ans. Je ne vous dois rien ». En fait, il demandait : « Est-ce que vous voulez que je sois reconnaissant pour toujours ? » La réponse est : « Oui, vous devez être reconnaissant pour toujours ».

12. LES INJUSTES OUBLIENT LEURS ALLIANCES ET LEURS CONTRATS.

Tout le monde prend un certain nombre d'alliances au cours de sa vie. Par exemple, vous pouvez faire une alliance de suivre le Christ, une alliance d'obéissance, ou une alliance de mariage. Souvent, une fois qu'une partie d'un accord a été remplie, les gens oublient de s'acquitter de leurs obligations. C'est pourquoi on fait des alliances.

Comme le péché s'est propagé dans le monde, la capacité de se souvenir a également diminué. Avec le temps, le bouche à oreille a presque perdu sa valeur et en vient à être remplacé par des documents écrits. Le pécheur est devenu celui qui rompt les alliances (Romains 1 : 31).

> **Veillez sur vous, AFIN DE NE POINT METTRE EN OUBLI L'ALLIANCE QUE LE SEIGNEUR votre Dieu, a traitée avec vous, et de ne point vous faire d'image taillée, de représentation quelconque, que le Seigneur ton Dieu, t'ait défendue.**
>
> **Deutéronome 4 : 23**

13. PARCE QUE LES INJUSTES OUBLIENT DIEU, DIEU OUBLIERA LEURS ENFANTS.

> **Mon peuple est détruit, parce qu'il lui manque la connaissance. Puisque tu as rejeté la connaissance, Je te rejetterai, et tu seras dépouillé de mon sacerdoce; PUISQUE TU AS OUBLIÉ LA LOI DE TON DIEU, J'OUBLIERAI AUSSI TES ENFANTS.**
>
> **Osée 4 : 6**

Beaucoup de malédictions s'abattent sur ceux qui oublient Dieu. Que se passera-t-il si Dieu oublie vos enfants ? Ils seront remis au diable. Leur cœur n'aura pas le désir d'aimer Dieu. Ils deviendront des vagabonds, tels des arbres déracinés et des astres errants. Ils seront exposés à la malice de Satan.

Aucun parent ne peut totalement contrôler ses enfants. Il faut la grâce de Dieu. Si Dieu oublie vos enfants, il n'y a aucun espoir pour eux. N'oubliez pas, afin qu'Il n'oublie pas vos enfants !

14. PARCE QUE LES INJUSTES OUBLIENT DIEU, DIEU ENVERRA LE FEU DANS LEUR VIE.

> **ISRAËL A OUBLIÉ CELUI QUI L'A FAIT, et a bâti des palais, et Juda a multiplié les villes fortes ; MAIS J'ENVERRAI LE FEU DANS LEURS VILLES, et il en dévorera les palais.**
>
> **Osée 8 : 14**

Une autre malédiction pour ceux qui oublient est le feu ! Le feu évoque la détresse, la destruction et la damnation. Peut-être n'avez-vous pas considéré combien le péché de l'oubli est dangereux. L'oubli attire beaucoup de malédictions. Puisse votre vie être délivrée du feu qui dévore ceux qui manquent de se souvenir !

15. PARCE QUE LES INJUSTES OUBLIENT DIEU, ILS SERONT ENVOYÉS EN ENFER.

> **Les méchants seront repoussés jusqu'en enfer, toutes les nations qui oublient Dieu.**
>
> **Psaume 9 : 17**

Ceux qui oublient Dieu seront poussés en enfer. L'enfer est un grand lac de feu destiné à brûler ceux qui ne veulent pas se souvenir de la chose la plus importante dans cette vie-leur créateur.

Les Écritures sont claires. Dieu rejettera ceux qui ont oublié Son nom. Vous ne voulez pas aller en enfer. Mais l'enfer est réservé à ceux qui oublient Dieu. Oublier Dieu est l'injustice ultime de l'homme.

Oublier Dieu est un crime bien plus grave que nous avons voulu croire.

Chapitre 2

Six raisons pour lesquelles il est important de se souvenir

TU TE SOUVIENDRAS que tu as été esclave en Égypte, et tu observeras et mettras ces lois en pratique.
Deutéronome 16 : 12

Parmi les gens avec lesquels vous travaillerez, certains n'auront pas la capacité de SE SOUVENIR. Les gens dépourvus de mémoire font parti d'un groupe très dangereux. Ce sont ceux qui fomentent la conspiration contre votre ministère. Ce sont les futurs traîtres de votre équipe.

La capacité de se souvenir est probablement la qualité la plus importante d'un ministre. Je me sens à l'aise quand je réalise que je m'adresse à quelqu'un qui possède la capacité de se souvenir. Presque toutes les personnes déloyales sont dépourvues de la capacité de se souvenir ! Quand je pense à certains des fils étranges que j'ai eus, je me demande s'ils sont incapables de se souvenir des moments que j'ai passés avec eux.

Quand les enfants d'Israël sont sortis d'Égypte, Dieu a voulu qu'ils se souviennent. Il voulait qu'ils se souviennent comment il les avait fait sortir d'Égypte. Il voulait qu'ils se souviennent combien leur situation y avait été difficile. Dans leur prospérité, il voulait qu'ils se souviennent du Seigneur Dieu. Dieu savait ce qui arriverait s'ils oubliaient ces choses importantes.

1. **Le souvenir vous fait apprécier le salut et prêcher sur le salut.**

Ceux qui ne se souviennent pas chantent des chansons qui montrent qu'ils ont courte mémoire. La plupart des chrétiens ne sont pas reconnaissants envers Dieu pour leur salut.

Malheureusement, beaucoup de chrétiens ne se souviennent pas de ce que Christ a fait pour eux. Les chansons composées et chantées par les chrétiens d'aujourd'hui reflètent cette attitude d'oubli et d'infidélité. Mon cœur fait un bond quand j'entends des chansons sur le salut. C'est peut-être pourquoi j'aime les chants qui parlent de notre salut.

Les hommes sans mémoire n'évangélisent pas. Ils ont oublié comment le salut leur est venu. Ils ont même oublié comment le salut est accordé en général.

Les pasteurs qui ont oublié leur salut prêchent sans faire d'appels à l'autel. Les hommes sans mémoire ont remplacé le message du salut par des sermons populaires de motivation sur les finances, la gestion et la « prospérité ». Ces messages peuvent être bons, mais ils ne peuvent pas prendre la place du message du salut.

Ce sont les chrétiens sans souvenir qui font le tour du monde en donnant de la nourriture et de l'eau aux pécheurs sans jamais leur prêcher. Ils ont peut-être oublié que personne ne va au Ciel à moins d'être né de nouveau.

Les églises sont remplies de chrétiens insouciants qui veulent célébrer leur prospérité sans penser à la façon dont ils ont été sauvés. Et les autres ? Aurais-je pu être sauvé si personne ne s'était souvenu ?

2. Le souvenir vous permet de suivre votre appel.

> **TU TE SOUVIENDRAS que tu as été esclave au pays d'Égypte, et que le Seigneur ton Dieu, t'a racheté; c'est pourquoi je te donne aujourd'hui ce commandement.**
>
> **Deutéronome 15 : 15S**

Je me souviens que j'ai connu le salut à l'école secondaire. J'avais environ quinze ans quand j'ai trouvé le Seigneur. Le souvenir de la façon dont j'ai trouvé le Christ reste ancré en moi. Je me sens tellement béni et privilégié d'avoir été choisi et sauvé. Ce souvenir me guide dans mon ministère actuel. Je me retrouve à prêcher dans des écoles et universités. Je ressens beaucoup d'espoir quand je vois des jeunes s'avancer pour recevoir Jésus

Christ. Je me souviens que moi aussi j'ai donné mon cœur au Seigneur quand j'étais à l'école. Certains semblent ne se souvenir de rien. Peut-être que le salut ne signifie rien pour eux.

Certains qui ont été élevés dans des orphelinats se souviennent comment l'amour de Dieu leur a été manifesté. Certains d'entre eux ont construit des orphelinats et se sont occupés d'autres enfants parce qu'ils se souviennent de tout. D'autres s'en vont et réécrivent leur histoire, supprimant tout souvenir de l'orphelinat.

La mémoire des missionnaires

Le souvenir de là où Dieu vous a fait sortir est censé guider votre ministère actuel. Quand je vois les cimetières de missionnaires blancs, je me souviens qu'ils ont versé leur sang sur le sol ghanéen pour le salut de toute une nation. Puis je pense à d'autres nations isolées qui attendent que de pareils missionnaires viennent à eux.

Je me demande : « Est-ce que quelqu'un ira ? Une nation entière va-t-elle périr parce qu'il n'y a pas de missionnaires ? »

Je me souviens du sacrifice de ces missionnaires suisses avec gratitude. C'est parce que les églises du Ghana sont dirigées par des pasteurs qui ont *oublié* que des missionnaires sont venus mourir au Ghana qu'elles n'envoient pas de missionnaires à d'autres régions dans le besoin.

3. Le souvenir vous rend humble.

Lorsque vous vous souvenez de là où vous êtes venus, vous reconnaissez toujours que la grâce de Dieu a été à l'œuvre. Lorsque vous vous souvenez parfaitement d'où Dieu vous a élevé, vous n'attribuez votre succès actuel à aucune force ou sagesse personnelle. Malheureusement, les gens tendent à occulter leur passé. Ils ne font référence à personne et ils semblent ne se souvenir de rien de mal ou de difficile dans leur passé.

Á les écouter, vous avez l'impression qu'ils se sont faits tous seuls. Ils ne mentionnent pas leurs débuts, leurs difficultés ou leurs fautes. Vous avez presque l'impression de lire un article sur Superman lorsque vous lisez quelque chose à leur sujet !

Pourtant Paul a dit qu'il prenait plaisir dans ses infirmités et ses situations de détresse. Paul nous a dit qu'il avait été battu et fouetté par des incroyants. Cela ne ressemble pas à Superman.

Parler ouvertement de ce que Dieu vous a permis de traverser vous rendra reconnaissant et humble. Cela vous gardera contre l'aveuglement et l'orgueil inutile.

> **[...] Je me glorifierai donc bien plus volontiers de mes faiblesses, afin que la puissance de Christ repose sur moi.**
>
> **2 Corinthiens 12 : 9**

Le souvenir de ses épreuves et de ses souffrances permet à celui qui se souvient de rester humble. Il est plus sage de faire part de vos difficultés que de vos victoires. J'ai remarqué combien le Seigneur m'avait aidé à faire part de mon incompétence avec les autres.

Parfois, je finis mes sermons sur une note de faiblesse et de défaite. Je prends plaisir dans la faiblesse qui est réelle, de sorte que la puissance de Christ repose sur moi.

J'ai vu des morts ressusciter dans mon ministère, mais j'ai aussi vu beaucoup de gens mourir après que j'aie prié pour eux. Il y a des moments où je pense à l'impuissance et à l'insignifiance de ma vie et de mon ministère. J'apprends à choisir cette voie, afin que la puissance de Christ repose sur moi.

Il n'est pas nécessaire de protéger une image qui n'a pas besoin de protection. Soyez réel ! Souvenez-vous des réalités de votre vie. Partagez-les et encouragez votre propre humilité.

4. Le souvenir vous rend reconnaissant.

Le péché d'ingratitude est comme le péché d'oubli. Ils sont presque synonymes. Malheureusement, les gens oublient combien ils ont été aimés. Parce que les gens oublient comment ils ont été aidés, ils sont indifférents à la source de cette aide.

Certains parents supplient pratiquement leurs enfants de ne pas les oublier dans leur grand âge. Certains pasteurs supplient pratiquement leurs fidèles de leur rendre hommage pour leur travail.

Ce monde compte six milliards d'habitants ingrats et oublieux ! C'est ce qui crée le mécontentement, les conflits et les guerres. Il y a des gens envers qui nous devons être reconnaissants. Dieu veut que nous Le remerciions et que nous Lui soyons reconnaissants pour toutes Ses bénédictions. Nous devons être reconnaissants pour les canaux que Dieu utilise. Nous devons leur être reconnaissants pour leur fidélité à ce que Dieu leur a donné.

5. Le souvenir vous rend bon et serviable envers les autres.

Le souvenir est important parce qu'il est supposé déterminer votre comportement actuel.

> **Tu te SOUVIENDRAS que tu as été esclave en Égypte, et tu observeras et mettras ces lois en pratique.**
>
> **Deutéronome 16 : 12**

Les Israélites étaient supposés se souvenir de leur passé et permettre à ce souvenir d'influer sur leur comportement.

Dans le passage de l'Écriture que je viens de citer, le souvenir de leur condition passée d'esclaves devait les pousser à obéir au Seigneur et à inclure les orphelins, les veuves et les étrangers dans leurs fêtes de réjouissance.

> **Tu te réjouiras devant le SEIGNEUR ton Dieu, dans le lieu que le SEIGNEUR ton Dieu, choisira pour y faire résider son nom, toi, ton fils et ta fille, ton serviteur et ta servante, le Lévite qui sera dans tes portes, et l'étranger, l'orphelin et la veuve qui seront au milieu de toi. Tu te SOUVIENDRAS que tu as été esclave en Égypte, et tu observeras et mettras ces lois en pratique**
>
> **Deutéronome 16 : 11-12**

Vous ne pouvez pas rester ici

Quand vous ne vous souvenez pas d'où vous venez, vous vous comportez mal. Un jour, je remarquai une dame qui était constamment irritée par une ribambelle de cousins, neveux et nièces qui vivaient avec elle.

Elle ne voulait pas accueillir tous ces membres de la famille chez elle. Elle voulait de l'intimité. Elle voulait profiter de son mari, de sa maison et de ses enfants sans être dérangée. Mais son mari insistait pour accueillir chez eux tous ces cousins, nièces, neveux et autres membres de la famille.

Le conflit qui se préparait attira mon attention sur le problème.

Un jour, je demandai à ma femme : « Dans quel genre de foyer cette dame a-t-elle grandi ? Est-ce qu'elle vivait avec son papa, sa maman et d'autres frères et sœurs ? » (Voyez-vous, ma femme sait tout).

Ma femme sourit et répondit : « Non, pas du tout. »

« Alors, dans quel genre de foyer a-t-elle grandi ? » lui demandai-je.

« Oh, elle a vécu avec sa tante la plus grande partie dans sa jeunesse. Sa mère était partie au loin pendant la plus grande partie de son enfance et elle a grandi dans la maison d'autres personnes ».

Je me dis alors : « Cette dame a-t-elle oublié qu'elle était une hôte et peut-être une contrainte pour quelqu'un pendant de nombreuses années ? Ne peut-elle pas accueillir les membres de sa famille, comme elle a été elle-même accueillie ? » Le problème est que les gens oublient d'où ils sont venus.

Je me souviens que ce n'était pas facile de faire mes débuts dans le ministère. Je me sentais tellement intimidé par les « gros bonnets » dans le ministère. Ils commandaient des foules et des foules de gens et ils semblaient si puissants.

« Mon ministère pourra-t-il jamais être comme ça ? » me demandais-je.

On se moquait de moi

Un après-midi, je rencontrai le pasteur d'une grande église lors d'une réception. Il me regarda de haut en bas et me dit : « Pasteur Dag ». Quand il m'appela « pasteur », je me sentis bête et tout petit sous son sourire moqueur. Voyez-vous, j'avais une vingtaine de personnes dans ma congrégation et il en avait des milliers ! Je me sentais idiot. Sa voix exhalait le mépris. Je laissai presque échapper : « Est-ce que vous êtes en train de vous moquer de moi ? » Je ne ressentais aucun soutien de la part de ce grand homme de Dieu, seulement des moqueries.

Quand je commençai mon église, je fis beaucoup d'efforts pour être accepté et pour obtenir de l'aide. J'allai voir le pasteur d'une grande église de ma ville. Je dus me rendre dans les quartiers chics de la ville pour le rencontrer. Il me reçut gracieusement et s'assit avec moi dans son jardin. Je lui dis que j'avais fondé une église. Cependant, quand il se mit à parler, je regrettai d'être venu le voir.

Je fus rejeté

Il me dit : « Il y a beaucoup de jeunes garçons qui commencent des églises sans fréquenter les écoles bibliques. Ils ne savent pas ce qu'ils font. Ils ne seront bons à rien ». Chaque fois que je lis la remarque que Nabal fit à propos de David, je me souviens de ce jour-là parce que les remarques que Nabal fit au sujet de David étaient très semblables à ce que cet homme de Dieu me dit.

> **Nabal répondit aux serviteurs de David : Qui est David, et qui est le fils d'Isaï ? Il y a aujourd'hui beaucoup de serviteurs qui s'échappent d'auprès de leurs maîtres.**
>
> **1 Samuel 25 : 10**

Au lieu de m'aider, il envoya son pasteur associé organisé une grande croisade exactement là où j'avais fondé mon église.

Durant cette campagne, ils projetèrent un documentaire sur le ministère de ce pasteur, et je me sentis ridicule de même essayer de commencer une église. Mais je n'abandonnai pas. Je continuai ma quête de reconnaissance et de l'aide pour mon église naissante. J'invitai un autre pasteur bien connu à prêcher dans ma toute nouvelle église. Il avait déjà prêché plusieurs fois dans mon église.

Qui sont les épines ?

Cette fois, il dit à mon assistant, qui avait été envoyé pour l'inviter, qu'il ne viendrait pas. « Pourquoi pas ? » demandai-je.

Mon pasteur hésita avant de me répondre. Il me dit enfin : « Le *'grand ministre'* a dit : 'J'ai cessé de semer parmi les épines' ».

« Les épines ? » demandai-je. « Qui sont les épines ? Quand sommes-nous devenus des épines ? Il ne veut plus prêcher parmi nous ? » demandai-je.

« C'est bien ça. » répondit le messager. « Il ne veut pas venir dans cette nouvelle église et il en a donné la raison. Il ne sème plus parmi les épines ».

Personne ne nous a aidés à nos débuts. Et je me souviens de chaque rencontre. C'est pourquoi j'essaie d'aider les autres dans leur ministère. J'aime encourager les ministres qui débutent et leur dire qu'ils vont réussir. Personne ne m'a jamais dit ça. Même jusqu'à ce jour, personne ne m'a dit que j'allais réussir. C'est pourtant formidable d'être encouragé.

6. Le souvenir vous rend gentil.

Dieu dit aux Israélites d'être gentils envers les étrangers, tout simplement parce qu'ils avaient eux-mêmes été des étrangers autrefois en Égypte.

> **Tu n'opprimeras point l'étranger ; vous savez ce qu'éprouve l'étranger, car vous avez été étrangers dans le pays d'Égypte.**
>
> **Exode 23 : 9**

Je me souviens combien j'ai souffert sous la répression de certains enseignants à l'école de médecine. Beaucoup d'enseignants n'avaient que menaces et avertissements pour leurs élèves.

Je me disais : « Si j'étais professeurs, je serais gentil avec les étudiants et je les aiderais à réussir leurs examens ».

Cependant, un jour que je discutais avec un de mes camarades de classe, il me dit : « Quand je serai professeur, je m'assurerai que les élèves souffrent autant que j'ai souffert ».

J'étais stupéfait par sa déclaration. Ne voyait-il pas ce qu'il subissait ? Ne se souviendrait-il pas de l'angoisse qu'il éprouvait en ce lieu ?

Malheureusement, les méchants ne se souviennent pas de leurs épreuves. Beaucoup de méchants ne peuvent tout simplement pas se rappeler de ce que c'était d'être que de l'autre côté. Dans Sa Parole, Dieu nous avertit que nous devons nous rappeler comment nous nous sentions et d'aider ceux qui sont dans une situation semblable.

Peut-être que vous venez d'un milieu très pauvre. Dieu attend de vous que vous veniez en aide aux pauvres parce que vous savez ce que c'est que d'être pauvre !

Chapitre 3

Cinq maux qui frappent ceux qui oublient

1. CEUX QUI OUBLIENT SONT CONSTAMMENT RÉTROGRADÉS.

L'arrogance *précède* la ruine, et l'orgueil précède la chute.

Proverbes 16 : 18

Les gens ratent leurs examens parce qu'ils ne se souviennent pas de choses importantes. Rappelez-vous quand vous avez passé votre examen de géographie et qu'on vous a demandé : Quel est le plus long fleuve du monde ? Quelle est la plus haute montagne du monde ? Quel est le plus grand lac du monde ?

Je veux être promu, mais je ne me souviens pas de ma géographie

Mais vous ne vous souveniez d'aucune réponse à ces questions. Vous avez dit que le plus long fleuve du monde était le Jourdain. Vous avez dit que la plus haute montagne du monde était le mont des Oliviers. Vous avez dit que le plus grand lac du monde était la mer de Galilée.

Comment pouviez-vous réussir votre examen de géographie alors que vous ne vous souveniez pas que le plus long fleuve du monde est le Nil, la plus haute montagne l'Everest et le plus grand lac du monde la mer Caspienne ?

Parce que vous ne pouviez vous souvenir d'aucune de ces choses, vous n'avez pas réussi vos examens. Et parce que vous n'avez pas pu réussir vos examens, vous n'avez pas pu être promus. Tout le monde a avancé alors que vous êtes resté en arrière.

Je veux être médecin, mais je ne me souviens pas de ma biologie

Puis vous avez voulu devenir médecin ! Mais comment pourriez-vous devenir médecin alors que vous ne vous souveniez pas des réponses à des questions simples de biologie ? On vous a demandé : Où la viande est-elle digérée ? Et vous avez répondu : « La viande est digérée dans le rectum ». Vous ne pouviez pas vous souvenir que la viande est digérée dans l'estomac.

Puis on vous a demandé : « Donnez des exemples de glucides ». Et vous avez répondu : « Du poisson frit et des côtelettes de porc ». Vous ne vous souveniez pas de la différence entre les glucides et les protéines. Ensuite on vous a demandé : « Où se trouvent les enzymes digestives ? » Et vous avez répondu : « Les enzymes digestives se trouvent dans les trompes de Fallope ». Avec de telles réponses, vous ne pouvez pas espérer réussir vos examens de biologie. Votre incapacité à vous souvenir de faits biologiques importants vous a coûté votre carrière en médecine.

Pour cette raison, vous n'avez pas été accepté à la Faculté de sciences et vous n'êtes jamais devenu médecin.

C'est simplement parce que vous ne pouviez pas vous souvenir que vous avez été exclu de ceux qui sont plus tard devenus médecins. Vous faites aujourd'hui partie d'une classe sociale inférieure, parce que vous n'avez pas pu vous souvenir de vos réponses en biologie.

Comment l'oubli conduit à la régression

Ce même principe s'applique aux choses spirituelles. C'est parce que vous ne vous souvenez pas de la parole de Dieu que vous continuez à régresser. C'est parce que vous ne pouvez pas vous souvenir de ceux qui vous ont aidé que vous continuez de faire partie des fils oublieux et maudits. Vous continuez de régresser au sein du ministère parce que vous ne pouvez pas vous souvenir des choses qu'un ministre ne doit jamais oublier.

La plupart des gens n'arrivent pas à faire le lien entre les calamités qui interviennent dans leur vie et leur incapacité à se souvenir. Ils imputent souvent leurs problèmes à d'autres choses. Mais en réalité, la plupart des maux qui frappent les chrétiens surviennent uniquement parce qu'ils ne parviennent pas à se souvenir de certaines choses. En effet, peu de gens attribuent les maux qui les accablent à l'oubli. Voici ce qui se passe :

L'oubli conduit aux plaintes, aux murmures, au mécontentement, à l'orgueil et à une foule d'autres maux. Lorsque ces maux sont établis, ils conduisent à leur tour à votre perte et à votre régression. Le murmure, le mécontentement, l'amertume et l'orgueil ne sont-ils pas précurseurs de la destruction et de la régression ?

2. CEUX QUI OUBLIENT EN VIENNENT À MURMURER.

Que de fois ils se révoltèrent contre lui dans le désert ! Que de fois ils l'irritèrent dans la solitude ! Ils ne cessèrent de tenter Dieu, et de provoquer le Saint d'Israël.

Ils NE SE SOUVINRENT PAS de sa puissance, du jour où il les délivra de l'ennemi.

Psaume 78 : 40-42

Les enfants d'Israël sont l'exemple le plus frappant de personnes ingrates et oublieuses. Cet exemple est là parce que nous sommes tous comme ça. Nous avons besoin d'être délivrés du péché de l'oubli. Ne pensez pas que quoi que ce soit dans la Bible est tiré par les cheveux et ne peut pas s'appliquer à vous. C'est la meilleure façon de rendre la Bible irréaliste et peu pertinente.

Si vous êtes pasteur, considérez tous les rois de la Bible comme des pasteurs et mettez-vous à leur place. Considérez-vous comme capable de commettre toutes leurs erreurs. Cela vous aidera à mieux vous connaître.

Les enfants d'Israël murmuraient continuellement contre Dieu. Pourtant, ils avaient été délivrés de l'esclavage. Ils avaient été délivrés du groupe des citoyens de seconde zone du territoire égyptien. Ils avaient été délivrés des fouets des oppresseurs égyptiens. Tout cela ne semblait pas gravé dans leur esprit. Est-ce que ce que Dieu a fait dans votre vie est gravé dans votre esprit et votre cœur ?

Après cela, le Seigneur les conduisit à travers la mer Rouge. Qui avait jamais traversé cette mer ? Qui a jamais traversé cette mer depuis ? Il leur a donné une colonne de feu la nuit et une colonne de nuée le jour. Pourtant, toutes ces choses ne restèrent pas gravées dans le cœur des Israélites. Ils se retournaient contre Moïse dès qu'ils en avaient l'occasion. Ils murmuraient contre le Très-Haut et Le provoquaient à l'extrême.

Á cause de cette attitude d'oubli, les enfants d'Israël générèrent une foule frénétique de gens apeurés. La panique frappa la congrégation et personne ne croyait plus en Moïse. L'oubli des grandes choses que Dieu avait faites conduisit à l'échec historique du peuple de Dieu à entrer en Terre Promise.

Les enfants d'Israël se plaignaient de beaucoup de choses. Rien ne semblait pouvoir les satisfaire. Ils se retournèrent contre Dieu qui les avait bénis et leur avait donné beaucoup de choses précieuses.

Comme le murmure émane d'un esprit mauvais, il finit par ne même plus avoir de sens. C'est un acte répété de rébellion contre une personne. Il est oint de l'Enfer et entièrement contrôlé par un être mauvais. Évitez ceux qui murmurent comme la peste !

Observez les plaintes des enfants d'Israël. Leurs plaintes, si on les analyse, ressemblent presque au charabia insensé de singes fous.

« Nous nous souvenons des poissons que nous mangions en Égypte, et qui ne nous coûtaient rien, des concombres, des melons, des poireaux, des oignons et des aulx. Maintenant, notre âme est desséchée : plus rien ! Nos yeux ne voient que de la manne ». (Nombres 11 : 5-6).

Qu'est-ce qu'un esclave désirerait plus que d'être libérer de l'esclavage ? Et pourtant, ce bienfait ne semblait pas être inscrit dans leur esprit. Ils semblaient souffrir d'une certaine amnésie.

Remarquez comme ces récriminations étaient irrationnelles et ridicules : ils se plaignaient de ne pas avoir ni ail, ni oignons, ni poireaux ! Ne pensez-vous pas qu'aujourd'hui n'importe quel prisonnier préfèrerait être libéré de prison plutôt que d'avoir une ration quotidienne d'ail ?

Tout prisonnier accepterait volontiers la liberté même s'il ne devait plus jamais manger d'ail ! Je vous en prie, ne laissez pas l'oubli vous conduire à la folie !

3. CEUX QUI OUBLIENT SONT REJETÉS.

L'oubli conduit au murmure et le murmure conduit au rejet de Dieu. Dieu vous rejettera quand vous vous plaignez. Il est important d'être reconnaissant tout le temps. Rendre grâces est une des choses qui vous aident à être remplis de l'Esprit Saint.

> **[...] SOYEZ REMPLIS DE L'ESPRIT ; entretenez-vous par des psaumes, par des hymnes, et par des cantiques spirituels, chantant et célébrant de tout votre cœur les louanges du Seigneur ; RENDEZ CONTINUELLEMENT GRÂCES pour toutes choses à Dieu le Père, au nom de notre Seigneur Jésus Christ,**
>
> **Ephésiens 5 : 18-20**

Tout comme l'Action de grâces vous remplit de l'Esprit Saint, les plaintes et le murmure vous amèneront à être remplis de démons. Les enfants d'Israël étaient possédés par des démons parce qu'ils se plaignaient contre le Dieu Tout-Puissant. L'esprit de mort les a tués dans le désert. Si les Israélites s'étaient souvenus de toutes les grandes choses que le Seigneur avait faites, ils seraient restés dans la grâce de Dieu.

Jésus a enseigné ce principe à Ses disciples. Il voulait qu'ils se souviennent de ce qui s'était passé jadis. Il voulait qu'ils se souviennent des miracles et des prodiges passés. Il voulait qu'ils se souviennent de tout.

Quand Il parla du levain des pharisiens, les disciples pensèrent qu'Il parlait de vrai pain. Ils ne se souvenaient pas du miracle des cinq mille pains. S'ils s'étaient souvenus de ce miracle, ils n'auraient pas pensé que sa remarque faisait référence à du vrai pain.

Les disciples, en passant à l'autre bord, avaient oublié de prendre des pains.

Jésus leur dit : Gardez-vous avec soin du levain des pharisiens et des sadducéens.

Les disciples raisonnaient en eux-mêmes, et disaient : « C'est parce que nous n'avons pas pris de pains ».

Jésus, l'ayant connu, dit : « Pourquoi raisonnez-vous en vous-mêmes, gens de peu de foi, sur ce que vous n'avez pas pris de pains ? Êtes-vous encore sans intelligence, et ne vous RAPPELEZ-vous plus les cinq pains des cinq mille hommes et combien de paniers vous avez emportés, ni les sept pains des quatre mille hommes et combien de corbeilles vous avez emportées ? »

Matthieu 16 : 5-10

Il a oublié

Sans m'en rendre compte, j'ai souvent rejeté ceux qui se plaignaient et murmuraient à propos de leur travail. Je préfère garder un employé incompétent mais qui a une bonne attitude. Dès que les gens se plaignent, ils deviennent peu attrayants. C'est en fait répugnant d'avoir quelqu'un de mécontent et qui se plaint autour de vous.

Je me souviens d'un frère qui s'est rebellé contre moi et m'a dit beaucoup de choses désagréables. Il est devenu à mes yeux un individu répugnant. En entendant les diverses choses qu'il disait sur moi, je ne pouvais que le comparer à un mauvais rêve ! Auparavant, il m'aimait et me respectait mais il avait complètement changé et m'appelait maintenant le diable. Il proférait des insultes contre ceux qui l'avaient conduit à Christ.

Il avait l'impression de ne pas être traité équitablement et se plaignait de ses conditions de travail. Il disait qu'il gagnait peu d'argent et se plaignait en disant qu'il aurait gagné des millions s'il était resté dans son ancien emploi. Ça vous dit quelque chose ? N'est-ce pas comme les enfants d'Israël qui prétendaient que leur situation aurait été meilleure en Égypte ?

> **Les enfants d'Israël leur dirent : Que ne sommes-nous morts par la main du SEIGNEUR dans le pays d'Égypte, quand nous étions assis près des pots de viande, quand nous mangions du pain à satiété ? car vous nous avez menés dans ce désert pour faire mourir de faim toute cette multitude.**
>
> **Exode 16 : 3**

Cet homme avait oublié que je l'avais accueilli dans un ministère à plein temps.

Il avait oublié qu'il avait dit : « Je vais travailler pour Dieu, même si je ne suis pas payé ».

Il avait oublié les moments de camaraderie que nous avions partagés et que nous étions comme des frères d'une même famille.

Il avait oublié combien il aimait écouter mes cassettes.

Il avait oublié qu'il restait allongé pendant des heures à écouter les messages des diverses réunions de camps où j'avais prêché.

Il semblait avoir oublié que je l'avais nommé pasteur.

Il ne se souvenait probablement pas que je l'avais ordonné ministre.

Il avait oublié qu'il n'avait jamais pu voyager à l'étranger jusqu'à ce que je lui aie obtenu son premier visa.

Je ne pense pas nuire à quelqu'un quand je lui propose de travailler au sein d'un ministère à plein temps. Je crois que le ministère à plein temps est la plus belle chance d'une vie. Toutefois, si la personne en question ressent cela comme une punition, je ne voudrais pas continuer à lui infliger cette souffrance.

Après que cet homme ait commencé à se plaindre et à critiquer, ce fut le début de la fin pour notre relation ! Ce n'était qu'une question de temps avant qu'il devienne incompatible avec l'œuvre de Dieu au sein de mon ministère. Quand les enfants d'Israël commencèrent à se plaindre contre Moïse, ils devinrent incompatibles avec la vision de la Terre Promise. Quand vous vous plaignez vous serez rejeté. C'est ce qui est arrivé au peuple de Dieu lors de sa marche vers la Terre Promise. Seuls les petits enfants qui ne comprenaient pas et qui ne pouvaient pas se plaindre entrèrent en Terre Promise.

Les missionnaires mécontents

Il y a quelques années, des missionnaires que j'avais envoyés sur le terrain commencèrent à se plaindre de diverses choses. Ils s'appelaient les uns les autres et commméraient sur le fait qu'ils n'étaient pas traités équitablement. Sans que cela soit causé par le Bureau des Missions, l'un d'eux fut séparé de sa femme et trouva que le voyage de son épouse pour le rejoindre était indûment retardé.

Un autre missionnaire se plaignit du trajet de vol de sa femme. D'autres missionnaires s'associèrent à leurs plaintes et devinrent tout aussi mécontents sur d'autres questions. Différentes questions sans importance devinrent des montagnes qui alimentaient la discussion.

Au bout d'un certain temps, l'esprit de mécontentement, de murmure et de plainte régnait au sein de cette équipe de missionnaires.

Je me souviens d'une réunion que j'eus avec eux. Ils semblaient tous différents des gens que j'avais connus. Je me demandais comment ils étaient si vite devenus oublieux.

Ces jeunes gens avaient oublié comment je les avais aidés à embrasser le ministère.

Ils avaient oublié comment je les avais envoyés à l'étranger et les avais aidés à commencer des églises.

Ils avaient oublié qu'ils n'avaient jamais eu à louer une maison depuis qu'ils avaient terminé leur scolarité.

Ils avaient oublié que leur pain quotidien était garanti, et ce, que leur église gagne assez d'argent ou pas.

Ils avaient oublié que des voitures étaient mises à leur disposition sur un plateau d'argent.

Ils n'avaient jamais eu besoin de connaître le prix d'une voiture.

Ils avaient oublié les moments de fraternité et d'amour que nous avions partagés.

Ils avaient oublié que je leur avais rendu visite dans leur foyer et que j'étais devenu proche d'eux.

Ils avaient oublié mon implication dans leur vie personnelle.

Ils avaient oublié que je m'asseyais avec eux pour bavarder et fraterniser.

Ils avaient oublié comment je les avais aidés à choisir une épouse.

Ils avaient oublié comment je les avais encouragés et guidés dans le ministère quand ils étaient à l'université.

Ils avaient oublié comment je les avais aidés à organiser leur cérémonie de mariage.

Ils avaient oublié que je les avais envoyés en voyage de noces et que j'avais tout payé.

Ils avaient oublié qu'ils n'avaient pas eu besoin de connaître le prix d'un billet d'avion – il leur était tout simplement offert.

Ils avaient oublié combien ils avaient été privilégiés d'être envoyés dans des pays où ils n'étaient jamais allés auparavant.

Pendant la réunion, je me rendis compte que mes jeunes missionnaires avaient oublié trop de choses trop vite. Ils étaient devenus grincheux, mécontents et insatisfaits du ministère et de moi-même. C'était comme si un autre esprit s'était emparé de leur vie.

Je tins bon aussi longtemps que je pus, mais je dus les écarter de la mission et du ministère à temps plein.

Ce fut une décision douloureuse et très difficile, mais il n'y avait pas moyen de l'éviter. Je n'avais pas d'autre choix que de prendre la décision de les licencier. Ils étaient mes fils bien-aimés et je savais que ce que je faisais allait changer radicalement leur vie. Ces soldats ne feraient pas partie de ce que je faisais et je continuerais sans eux.

Oublier leur avait coûté trop cher. Puissiez-vous ne pas oublier ce que le Seigneur a fait dans votre vie !

4. CEUX QUI OUBLIENT DEVIENNENT DÉLOYAUX.

[...] et Judas Iscariot, celui qui livra Jésus [...]
Marc 3 : 19

Judas fut le pire traître de tous les temps. Comment devint-il le disciple le plus perfide et déloyal de tous les temps ? La réponse se trouve peut-être dans cet important sujet qu'est le souvenir. Oublier des choses importantes vous fait rater des examens scolaires ainsi que tous les autres tests de la vie.

Peut-être Judas oublia-t-il beaucoup de miracles que Jésus avait faits.

Il oublia qu'il avait été choisi parmi des centaines de disciples admiratifs.

Il oublia qu'il avait eu le privilège de s'asseoir avec le Seigneur en privé et de fraterniser avec le divin.

Il oublia qu'il avait entendu beaucoup de choses que personne n'avait jamais entendues.

Il oublia qu'il avait écouté des enseignements qui n'avaient jamais été enregistrés.

Il oublia les petits déjeuners et déjeuners qu'il avait partagés avec le Seigneur.

Il oublia que c'était lui qui avait été choisi parmi les douze pour gérer l'argent.

Il oublia que Jésus lui avait accordé une confiance particulière en lui confiant un travail unique qu'Il n'avait confié à personne d'autre.

Il semble qu'il avait oublié les demeures promises au Ciel.

Le fait qu'il devait être récompensé une fois arrivée au Ciel ne signifiait rien pour lui.

Judas oublia les messages effrayants du Ciel et l'Enfer.

Judas oublia l'homme riche et Lazare (des gens qu'il connaissait vraiment et qu'il pouvait se rappeler) et que Jésus leur avait dit qu'ils étaient en Enfer et au Ciel.

Judas avait oublié les puissants messages que Jésus avait prêchés.

Judas avait oublié les miracles extraordinaires que Jésus avait accomplis quand il avait guéri les aveugles, les sourds et les muets.

Voyez-vous, si vous vous souvenez de certaines choses, elles vous arrêteront quand vous suivrez le mauvais chemin. Si Judas s'était souvenu du caractère surnaturel de Christ, il aurait hésité à trahir Dieu. Judas ne se souvenait pas que Jésus avait ressuscité les morts.

Peut-être que s'il s'était souvenu que Jésus avait ressuscité Lazare d'entre les morts après quatre jours, il aurait abandonné l'idée de trahir le Fils de Dieu.

Peut-être que cela lui aurait fait froid dans le dos s'il s'était souvenu que Jésus avait effectivement prédit qu'il allait mourir et ressusciter après trois jours.

Malheureusement, l'esprit de Judas était obsédé par les trente pièces d'argent qui lui avaient été promises. Cette fixation lui fit oublier combien Jésus était surnaturel et puissant.

Par quoi votre esprit est-il obsédé ? Quels souvenirs avez-vous chassés de votre esprit ? Avez-vous oublié quelque chose d'important ? Cette absence de souvenir pourrait-elle vous mener à votre perte ? Allez-vous devenir comme Judas et oublier tout ce qui s'est passé ? Est-il possible que vous oubliiez toutes vos expériences et ne vous souveniez de rien de ce qui a été dit ?

Qu'est-ce que Jésus dit au sujet de Judas ? Il dit : « Mieux eût valu pour cet homme-là de ne pas naître ». Il ne dit cela de personne d'autre, pas même des assassins et voleurs qu'Il connut. Au bon larron sur la croix, Il dit : « Aujourd'hui tu seras avec moi au paradis ». Mais Il dit au sujet de Judas : « Mieux eût valu pour toi de ne pas naître ! » Miséricorde !!

5. CEUX QUI OUBLIENT REFONT LES MÊMES ERREURS.

L'histoire biblique de Balthazar illustre comment un fils répète les péchés de son père parce qu'il a oublié. Dieu ne nous raconte pas les histoires de nos pères pour les couvrir de honte ou les discréditer. En fait, aucun d'entre nous n'aime que les histoires de nos moments faibles soient répétées publiquement. Cependant, Dieu a permis que les erreurs de Ses serviteurs soient écrites pour nous avertir, afin que nous ne les répétions pas.

Malheureusement, l'histoire montre que les gens ne cessent de répéter les mêmes erreurs. Allons-nous rester à l'écart des péchés contre lesquels Il nous met en garde à travers nos pères ?

Lorsque Daniel réprimanda le roi Balthazar (fils de Nabuchodonosor), il lui dit qu'il n'avait pas appris l'humilité bien que son père soit tombé par orgueil.

Daniel prit la parole et dit devant le roi : « Que tes dons te soient retournés, et donne à d'autres tes cadeaux ! Pour moi, je lirai au roi cette écriture et je lui en ferai connaître l'interprétation. O roi, le Dieu Très-Haut a donné royaume, grandeur, majesté et gloire à Nabuchodonosor ton père.

La grandeur qu'il lui avait donnée faisait trembler de crainte devant lui peuples, nations et langues : il tuait qui il voulait, laissait vivre qui il voulait, élevait qui il voulait, abaissait qui il voulait. Mais son cœur s'étant élevé et son esprit durci jusqu'à l'arrogance, il fut rejeté du trône de sa royauté et la gloire lui fut ôtée.

Il fut retranché d'entre les hommes, et par le cœur il devint semblable aux bêtes ; sa demeure fut avec les onagres ; comme les bœufs il se nourrit d'herbe; son corps fut baigné de la rosée du ciel, jusqu'à ce qu'il eût appris que le Dieu Très-Haut a domaine sur le royaume des hommes et met à sa tête qui lui plaît.

> **MAIS TOI, BALTHAZAR, SON FILS, TU N'AS PAS HUMILIÉ TON CŒUR, BIEN QUE TU AIES SU TOUT CELA ; Tu t'es exalté contre le SEIGNEUR du Ciel [...]**
>
> **Daniel 5 : 17-23**

La réunion des pasteurs

Un jour, j'eus une réunion avec des pasteurs au deuxième étage du bâtiment de notre église. Nous discutions de plusieurs questions qui avaient trait à la fidélité et à la gouvernance de l'église. Il y eut de nombreuses contributions à la discussion et les pasteurs se sentaient libres de partager ce qu'ils ressentaient.

À un moment donné, nous discutions d'une situation particulière dans laquelle un pasteur avait repris et renommé une église succursale. Nous condamnâmes la façon dont il avait repeint sur l'ancien nom et l'avait remplacé par un nouveau nom. Tout le monde était d'accord qu'il s'agissait d'un comportement inacceptable. Un pasteur se leva et fit un discours. Il condamna ces actes de trahison et promit son soutien indéfectible au ministère. Il promit pratiquement d'abandonner tout ce qui pourrait entraver cet engagement qu'il prenait pour la vie.

Quelques mois plus tard, ce même frère qui avait fait ce discours vint à moi et me dit : « J'ai décidé de commencer une église ». J'étais surpris parce qu'il était déjà pasteur d'une église.

Je lui demandai donc : « Quelle église allez-vous commencer ? Je pensais que vous étiez déjà pasteur d'une église. »

Il me dit alors : « Dieu m'a amené à commencer une église ».

Je continuai : « Est-ce une église Lighthouse ou une autre église ? »

Il répondit : « Une autre église ».

Je lui demandai : « Que va-t-il advenir de l'église Lighthouse dont vous êtes pasteur ? » Mais il ne me répondit pas.

La réponse vint quelques jours plus tard quand il peignit sur le nom « Lighthouse Chapel International » et le remplaça par un nouveau nom. C'était surprenant parce que ce même pasteur avait exprimé tant de soutien pour le ministère lors de la réunion. Il avait pris part à la discussion au cours de laquelle avait été condamné le « vol » des églises. Tout comme Balthazar, il reproduisait exactement ce que quelqu'un avait fait avant lui.

Prions tous que la grâce de Dieu nous empêche de répéter les péchés et les erreurs de nos pères. Dieu nous permet de connaître les erreurs des anciens afin que nous les évitions. Nous ne sommes pas meilleurs que ceux qui nous ont précédés. Nous n'avons pas non plus de meilleurs motifs ou une meilleure vie de prière que ceux qui nous ont précédés. C'est la grâce de Dieu qui nous garde du mal. Priez que le diable de votre Papa ne soit pas votre diable !

Chapitre 4

Huit erreurs fréquentes de ceux qui oublient

1. CEUX QUI OUBLIENT DÉSHONORENT LES FONDATEURS ET LES PÈRES.

Cham, père de Canaan, vit la nudité de son père et avertit ses deux frères au-dehors.

Genèse 9 : 22

Il arrive fréquemment d'oublier la contribution des pères et des fondateurs. Notre Seigneur Jésus savait qu'Il serait oublié par l'église. C'est pourquoi Il institua le rite de la Sainte Communion pour que nous nous souvenions de Lui.

Récemment, je prêchais aux dirigeants d'églises pour étudiants à l'université. J'appelai le dirigeant d'une église en particulier. Le dirigeant s'avança et je lui demandai : « Savez-vous que j'ai fondé l'église dans laquelle vous êtes pasteur ? »

Ce pasteur eut l'air surpris et répondit : « Non, je ne le savais pas ».

Je lui racontai donc comment j'avais passé deux ans et demi de ma vie universitaire à prier, jeûner et prêcher jusqu'à ce que son église soit établie.

Ce dirigeant chrétien n'avait aucune idée de la façon dont j'avais été décrié et critiqué pour l'établissement de son église. Mais tel est le sort des pères et des fondateurs. Leur contribution est souvent oubliée. Malheureusement, ce faisant, beaucoup rejettent les idéaux et la vision des fondateurs.

Un jour, un frère qui avait fondé une chorale retourna sur son ancien campus. Il fut accueilli à la porte par un placeur qui, de toute évidence, ne savait pas qu'il parlait à l'un des fondateurs de ce dont il jouissait et qu'il gérait. Il fut traité comme n'importe quel étranger et conduit sans cérémonie tout au fond de la salle. Tel est le sort du fondateur !

Beaucoup d'églises ne se souviennent pas de leurs fondateurs. La mémoire du fondateur s'assombrit au fil des ans. Son nom est mis de côté et tout ce qui le leur rappelle est effacé. Les nouveaux pasteurs veulent supprimer le concept de la « Journée du Fondateur ». Le nouveau pasteur veut que la photo du fondateur soit enlevée.

Le pasteur actuel aime être considéré comme l'étoile qui réussit tout par lui-même. De telles personnes ont oublié le travail que le fondateur a accompli pour que l'église vienne au monde.

Le travail d'un fondateur et d'un apôtre est le travail le plus difficile de tous.

Paul dit aux fondateurs :

> **Car Dieu, ce me semble, nous a, nous les apôtres, exhibés au dernier rang, comme des condamnés à mort ; oui, nous avons été livrés en spectacle au monde, aux anges et aux hommes.**
>
> **1 Corinthiens 4 : 9**

Le travail du fondateur est enfoui dans le sol et beaucoup ne le voient pas. De nombreux fondateurs sont des individus marqués et blessés. Ce sont eux qui reçoivent le plus de critiques et le moins de reconnaissance.

Les familles des apôtres et des fondateurs ne sont pas exemptes de ce traitement. Elles sont souvent mises de côté et oubliées. La famille a peut-être payé un prix aussi élevé que le fondateur pour lui permettre de poser la première pierre.

À la mort des fondateurs et des apôtres, beaucoup se prennent de compassion pour leur famille et déclarent qu'ils vont créer des fondations et des fonds spéciaux pour eux.

Malheureusement, avec le temps, le désir de mettre en place ces fondations et de lever ces fonds s'estompe. La famille du fondateur est laissée à elle-même et doit se battre pour survivre.

Le fondateur oublié

Je me souviens d'un fondateur qui décéda en laissant derrière lui des enfants en bas âge et une femme enceinte. Il laissa également derrière lui un ministère en plein essor et plusieurs grandes églises.

Quelques années après la mort de son mari, sa femme était sans ressources et n'avait reçu aucune aide de l'église qu'il avait fondée.

En désespoir de cause, sa femme se remaria.

Un jour, je demandai : « Avec qui l'épouse du fondateur s'est-elle finalement mariée ? »

Je dois admettre que je fus stupéfait par la réponse. On me dit que la femme de ce grand fondateur avait épousé l'un des serviteurs de son mari.

Je me dis : « Elle devait être désespérée ».

Je me souvenais de l'une des églises de ce grand fondateur dans laquelle j'avais prêché. Elle était de taille considérable et prospère. Je me demandai si ces grandes églises ne pouvaient pas s'occuper de cette veuve. Tel est le sort des fondateurs, si facilement oubliés et si facilement écartés de la mémoire.

Les idéaux oubliés

Ce qui est peut-être encore plus douloureux est quand les idéaux du fondateur sont abandonnés. J'ai lu une fois quelque chose sur un grand fondateur et je n'ai trouvé aucune comparaison entre ce à quoi il croyait et ce que l'Église qu'il avait fondée pratiquait.

Je rendis visite à la tombe de ce grand fondateur et le gardien me fit visiter la maison du fondateur. L'un des derniers commentaires du gardien était de fait très triste.

Il me dit : « Ce grand fondateur serait très triste s'il revenait des morts aujourd'hui. »

« Pourquoi ? » lui demandai-je.

Il poursuivit : « La plupart des vices contre lesquels il a lutté sont ceux qui affligent actuellement l'église qu'il a fondée ».

Malheureusement, les idéaux du fondateur avaient été abandonnés. Bien que le nom de ce fondateur n'ait certainement pas été oublié, ses idéaux et sa vision ont été laissés de côté.

Le danger de tout cela est que la malédiction des pères déshonorés poursuivra les dirigeants actuels.

Cham oublia

Honorer les pères est un principe important. Cham, le fils noir de Noé, ne suivit pas ce principe et déshonora son père. C'est la malédiction qui en résulta qui accable une grande partie de la population mondiale.

Partout dans le monde, l'incapacité de l'homme noir à s'élever au-dessus de l'état de servitude ne peut s'expliquer que par une malédiction. D'autres peuvent avoir un point de vue différent et je peux l'admettre, mais je trouve qu'il est difficile d'expliquer la situation de l'Afrique et du peuple noir en général, à moins de l'interpréter comme la malédiction de Cham. Cette grave malédiction survint quand un jeune homme oublia la contribution que son père avait faite à son existence.

> **Cham, père de Canaan, vit la nudité de son père, et il le rapporta dehors à ses deux frères.**
>
> **Genèse 9 : 22**

Cham oublia que c'était son père, Noé, qui avait entendu Dieu et avait obéi à son appel.

Cham oublia qu'il ne connaissait pas assez Dieu pour entendre la voix qui ordonnait de construire une arche.

Cham oublia que si son père n'avait pas construit l'arche, il se serait noyé avec le reste du monde

> **C'est par la foi que Noé, divinement averti des choses qu'on ne voyait pas encore, et saisi d'une crainte**

respectueuse, construisit une arche pour sauver sa famille ; c'est par elle qu'il condamna le monde, et devint héritier de la justice qui s'obtient par la foi.

Hébreux 11 : 7

Cham oublia que Dieu avait considéré Noé comme un homme juste. « Mais Noé trouva grâce aux yeux du Seigneur ». (Genèse 6 : 8). Cham oublia qu'il devait la vie à son père « enivré » que Dieu avait trouvé juste.

Cham oublia que chaque homme de Dieu a le droit d'être nu dans sa propre tente.

Cham oublia qu'il était parfois lui-même nu dans sa propre tente.

Il oublia trop de choses et il paya cher pour son manque de mémoire.

Aujourd'hui, l'homme noir peut à peine surgir des flots de mépris que lui témoigne le monde.

2. CEUX QUI OUBLIENT DEVIENNENT DÉSOBÉISSANTS

Jéroboam fut choisi par le Seigneur pour remplacer Salomon. Jéroboam, un « moins que rien », fut choisi pour remplacer la lignée des souverains David et Salomon, les deux plus grands rois d'Israël. Cet honneur fut fait à Jéroboam car Salomon avait suivi des idoles et adoré de faux dieux.

Achija saisit le manteau neuf qu'il avait sur lui, le déchira en douze morceaux, et dit à JÉROBOAM : Prends pour toi dix morceaux ! Car ainsi parle le Seigneur, le Dieu d'Israël : Voici, je vais arracher le royaume de la main de Salomon, et je te donnerai dix tribus.

(Mais il aura une tribu, à cause de mon serviteur David, et à cause de Jérusalem, la ville que j'ai choisie sur toutes les tribus d'Israël).

Et cela, parce qu'ils m'ont abandonné, et se sont prosternés devant Astarté, divinité des Sidoniens,

devant Kemosch, dieu de Moab, et devant Milcom, dieu des fils d'Ammon, et parce qu'ils n'ont point marché dans mes voies pour faire ce qui est droit à mes yeux et pour observer mes lois et mes ordonnances, comme l'a fait David, père de Salomon.

1 Rois 11 : 30-33

Quand Jéroboam devint roi, il oublia pourquoi il avait été choisi en premier lieu. Il oublia pourquoi Dieu l'avait choisi pour remplacer la lignée de David et de Salomon.

Il oublia la chose la plus importante et désobéit au Seigneur exactement comme Salomon. Remarquez les passages qui révèlent à la fois la vocation privilégiée de Jéroboam et la répétition ultérieure par Jéroboam des péchés de Salomon.

Jéroboam dit en son cœur : Le royaume pourrait bien maintenant retourner à la maison de David. Si ce peuple monte à Jérusalem pour faire des sacrifices dans la maison du Seigneur, le cœur de ce peuple retournera à son seigneur, à Roboam, roi de Juda, et ils me tueront et retourneront à Roboam, roi de Juda.

Après s'être consulté, le roi fit deux veaux d'or, et il dit au peuple : Assez longtemps vous êtes montés à Jérusalem; Israël ! voici ton Dieu, qui t'a fait sortir du pays d'Égypte.

Il plaça l'un de ces veaux à Béthel, et il mit l'autre à Dan.

Ce fut là une occasion de péché. Le peuple alla devant l'un des veaux jusqu'à Dan.

Jéroboam fit une maison de hauts lieux, et il créa des sacrificateurs pris parmi tout le peuple et n'appartenant point aux fils de Lévi.

Il établit une fête au huitième mois, le quinzième jour du mois, comme la fête qui se célébrait en Juda, et il offrit des sacrifices sur l'autel. Voici ce qu'il fit à Béthel afin que l'on sacrifiât aux veaux qu'il avait

faits. Il plaça à Béthel les prêtres des hauts lieux qu'il avait élevés.

1 Rois 12 : 26-32

Vous souviendrez-vous de Dieu ?

Parfois, on se demande si les chrétiens peuvent supporter d'être bénis. Arrivent-ils même à gérer les bénédictions que Dieu leur confère ? Je me souviens d'un frère chrétien qui fut élevé dans les hautes sphères du gouvernement. Le Seigneur le bénit avec la prospérité et le pouvoir.

Je le rencontrai pour la première fois plusieurs années auparavant, pendant une croisade dans une ville du Ghana. Nous avions à faire avec lui parce qu'il était président du groupe La Ligue pour la lecture de la Bible de cette ville. Nous devions lui emprunter du matériel. Je me souviens qu'il vint à la croisade, et je me souviens de son attitude. Nous nous sentions comme des fanatiques immatures en sa présence. Nous perdîmes toute contenance sous son regard chrétien strict et moralisateur !

Des années plus tard, alors que je regardais la télévision, je vis qu'il avait été promu à l'un des plus hauts postes politiques du pays. Je me dis : « Waouh ! Un chrétien à fond dans la politique... ! J'espère qu'il pourra continuer de suivre le Seigneur ». Mais ce ne fut pas le cas. Les années passèrent et cet homme rétrograda terriblement. Il devint évident qu'il avait mis sa foi de côté.

Malheureusement, il tomba malade et décéda subitement. Un jour, je parlai à un pasteur qui le servait avant sa mort. Ce pasteur me raconta comment cet homme politique chrétien était venu chez lui au milieu de la nuit et avait exigé qu'on lui ouvre la porte. L'homme politique chrétien était alors en phase terminale et savait qu'il allait mourir. Il était venu voir le pasteur au milieu de la nuit parce qu'il ne pouvait plus ni respirer ni dormir.

Il confessa ses péchés au pasteur et lui raconta comment il avait abandonné sa femme chrétienne et était allé avec d'autres femmes. Il pleura et dit au pasteur comment la politique l'avait même conduit à l'occultisme. Assis chez le pasteur à une heure du matin, il pleura abondamment et demanda pardon pour avoir abandonné Dieu. Hélas, cet homme mourut quelques jours plus tard. Quand j'entendis cette histoire, je m'émerveillai et je constatais à quel point les gens pouvaient oublier leur engagement chrétien quand ils occupaient une position élevée dans cette vie.

Telle fut l'histoire de Jéroboam, qui partit de rien et fut choisi pour être élevé jusqu'au trône. Il oublia le Dieu qui l'avait choisi et placé sur le trône. Malheureusement, Jéroboam désobéit à Dieu à la première occasion.

Paul affirma qu'il savait rester proche de Dieu aussi bien en étant pauvre que riche. C'est le secret que les chrétiens ne semblent pas connaître - comment se souvenir de Dieu quand ils sont promus.

Paul dit :

> **Je sais vivre dans l'humiliation, et je sais vivre dans l'abondance. En tout et partout j'ai appris à être rassasié et à avoir faim, à être dans l'abondance et à être dans la disette.**
>
> **Philippiens 4 : 12**

3. CEUX QUI OUBLIENT DEVIENNENT ORGUEILLEUX.

> **David s'en retourna pour bénir sa maison, et Mical, fille de Saül, sortit à sa rencontre. Elle dit : Quel honneur aujourd'hui pour le roi d'Israël de s'être découvert aux yeux des servantes de ses serviteurs, comme se découvrirait un homme de rien !**
>
> **David répondit à Mical : C'est devant le SEIGNEUR, qui m'a choisi de préférence à ton père et à toute sa maison pour m'établir chef sur le peuple du SEIGNEUR, sur Israël, c'est devant le SEIGNEUR que j'ai dansé.**
>
> **2 Samuel 6 : 20-21**

Malheureusement, beaucoup de gens oublient comment ils se sont retrouvés dans des positions privilégiées. Cependant, ce n'était pas l'un des problèmes de David. Il se souvint toujours de là où le Seigneur l'avait élevé. Il savait qu'il était un « moins que rien » chargé des moutons, choisi et élevé sur le trône d'Israël. Ceci lui permit de rester reconnaissant et plein d'adoration même lorsque son règne fut établit.

Les hommes politiques évincés

Malheureusement, beaucoup de chrétiens oublient d'où ils sont venus.

J'ai eu besoin de l'aide du gouvernement à de nombreuses reprises. Malheureusement, ces hommes politiques puissants ne prirent pas le temps de s'occuper d'un pasteur insignifiant comme moi. Même les chrétiens oublient leur héritage et mettent la politique au-dessus de leur foi chrétienne. Un développement intéressant, cependant, est le revirement de certaines de ces personnes après leur départ du gouvernement.

En quelque sorte, ces hommes politiques ne semblent pas vous « connaître » quand ils sont au pouvoir. Pourtant, ils deviennent tellement amicaux quand ils ont quitté leurs fonctions et perdu leur gloire. Le véritable ami est celui qui se souvient de vous quand il est haut placé. Malheureusement, la plupart des gens oublient les autres une fois qu'ils sont bénis.

J'ai connu des hommes politiques dépourvus de pouvoir qui m'appelaient au téléphone et bavardaient avec moi comme si nous étions des amis intimes. Ils m'appelaient par mon prénom et affirmaient que nous étions très proches.

Quand je les rencontrais dans des avions ou dans d'autres contextes, j'obtenais toujours la même réaction. J'ai été invité à des déjeuners et dîners par des hommes politiques qui n'exerçaient plus de mandat.

Je n'ai jamais honoré aucune de ces invitations parce que je ne considérais pas ces gens comme des amis sincères. S'ils étaient de vrais amis, ils se seraient souvenus de moi quand ils connaissaient le faste et la splendeur de leur position.

Dieu m'a montré qu'il n'y a pas besoin de lécher les bottes d'hommes politiques prétentieux. Il accomplira Son travail avec ou sans leur aide.

> **David dit encore : Le SEIGNEUR, qui m'a délivré de la griffe du lion et de la patte de l'ours, me délivrera aussi de la main de ce Philistin. Et Saül dit à David : Va, et que le SEIGNEUR soit avec toi!**
>
> **1 Samuel 17 : 37**

4. CEUX QUI OUBLIENT PEUVENT FACILEMENT DIVORCER.

Malheureusement, beaucoup de gens oublient les paroles qu'ils se sont dit l'un à l'autre lors de leur cérémonie de mariage.

« Jusqu'à ce que la mort nous sépare », disent-ils avec audace.

Ils déclarent : « Pour le meilleur ou pour le pire ».

D'autres font ce vœu : « Dans la prospérité et dans l'adversité nous vivrons ensemble ».

Beaucoup prononcent ces mots : « Les eaux ne peuvent éteindre l'amour, ni les flots submerger notre dévouement ».

Ils affirment : « Si quelqu'un doit briser cette union, ce sera Satan ».

Pourtant, beaucoup d'entre nous essaient de briser cette union. Nous avons oublié que nous avons dit que ce serait Satan qui essaierait de briser l'union. Est-ce à dire que si vous essayez de briser votre mariage, vous êtes Satan ? Miséricorde !

Oublier ce que vous avez dit peut grandement vous nuire. La plupart des couples ne se souviennent pas de ce qu'ils se sont dit. Beaucoup d'épouses oublient qu'elles ont proclamé : « À partir de ce jour, je t'aimerai et me donnerai à toi ». Des années plus tard, quand elles sont au lit avec leur mari, elles oublient qu'elles ont dit : « Je me donnerai à toi ».

Maintenant, elles ne se donnent pas à leurs maris.

Lors de l'échange des alliances, ils se disent : « Que cette alliance soit symbole de notre amour pour l'éternité ». Malheureusement, l'alliance est devenue symbole de tristesse, de servitude et de querelles.

L'une des principales raisons du divorce est l'oubli de ce que nous nous sommes dit. La plupart du temps, les promesses sont faites dans notre jeunesse. Quand nous atteignons la quarantaine, nous avons oublié ce que nous avons dit dans notre jeunesse.

Dieu est contre ceux qui ne se souviennent pas de ce qu'ils ont dit dans leur jeunesse. La Bible parle de la femme comme de la « femme de ta jeunesse ». En d'autres termes, elle est la femme que vous avez aimée quand vous étiez jeune, enthousiaste et plein d'amour. L'Écriture vous exhorte à vous souvenir des paroles de votre alliance.

> **Et vous dites : Pourquoi ? [...] Parce que le SEIGNEUR a été témoin entre toi et la femme de ta jeunesse, à laquelle tu es infidèle, bien qu'elle soit ta compagne et la femme de ton alliance.**
>
> **Nul n'a fait cela, avec un reste de bon sens. Un seul l'a fait, et pourquoi ? Parce qu'il cherchait la postérité que Dieu lui avait promise. Prenez donc garde en votre esprit, et qu'aucun ne soit infidèle à la femme de sa jeunesse !**
>
> **Car je hais la répudiation, dit le SEIGNEUR, le Dieu d'Israël, et celui qui couvre de violence son vêtement, dit le SEIGNEUR des armées. Prenez donc garde en votre esprit, et ne soyez pas infidèles !**
>
> **Malachie 2 : 14-16**

5. CEUX QUI OUBLIENT DEVIENNENT PRÉSOMPTUEUX.

> **Moïse dit à Koré : Écoutez donc, enfants de Lévi : EST-CE TROP PEU POUR VOUS QUE LE**

DIEU D'ISRAËL VOUS AIT CHOISIS DANS L'ASSEMBLÉE D'ISRAËL, EN VOUS FAISANT APPROCHER DE LUI, afin que vous soyez employés au service du tabernacle du SEIGNEUR, et que vous vous présentiez devant l'assemblée pour la servir ?

Nombres 16 : 8-9

La rébellion de Koré présente un intérêt particulier parce que Moïse réprimanda Koré pour sa présomption. La présomption est « la supposition arrogante du privilège ». Quand quelqu'un devient présomptueux, il est trop confiant, au point de manifester un manque de respect.

Quand les gens ont la chance d'occuper certains postes, ils ne réalisent souvent pas à quel point c'est un privilège. Moïse a reconnu ce péché en Koré.

Koré eut le privilège d'être lévite et chef de la congrégation. Pourtant, il eut des mots extrêmement insolents à l'égard de Moïse, le serviteur de Dieu.

Ils s'assemblèrent contre Moïse et Aaron, et leur dirent : C'en est assez ! car toute l'assemblée, tous sont saints, et le Seigneur est au milieu d'eux. Pourquoi vous élevez-vous au-dessus de l'assemblée du Seigneur ?

Nombres 16 : 3

Moïse lui demanda s'il ne chérissait pas la place d'honneur du chef. Il lui demanda : « Est-ce trop peu pour toi ? » Je me rends compte que les gens considèrent les privilèges comme de moindres choses. Ils les tiennent pour acquis et parlent avec insolence aux gens qui sont bien au-dessus d'eux. Ce langage insolent est le signe principal de l'esprit présomptueux.

Le pasteur confiant

Il y a plusieurs années, je remarquai un frère qui avait le potentiel nécessaire pour être dans le ministère. Son pasteur ne reconnaissait pas sa vocation, mais moi je la voyais. En fait, son pasteur me dit personnellement qu'il était étonné que je puisse imaginer faire un pasteur de quelqu'un comme lui. Mais je lui offris la possibilité d'embrasser le ministère, puis le formai et le nommai pasteur.

Quelques années plus tard, ce frère devint bien établi dans le ministère. Puis un jour, il nous annonça ce qui fit l'effet d'une bombe : il partait. Il quitta notre église, en fonda une autre non loin de là et invita avec insistance les membres de notre église à nous quitter et à se joindre à lui. Il bâtit pratiquement toute son église en divisant la nôtre. Bientôt, sa nouvelle église se composait de beaucoup de nos anciens membres qui avaient « migré » vers sa nouvelle église. Comme vous pouvez l'imaginer, cela occasionna des conflits.

J'ai eu plusieurs échanges avec cet homme, dont certains ne furent pas agréables. Un jour, lors d'une de nos échanges, il me fit remarquer que ce dont je me plaignais était inévitable et qu'il n'y pouvait rien si les membres de notre congrégation étaient attirés par sa nouvelle église (qu'il avait implantée non loin de la nôtre). En d'autres termes, j'avais besoin de remédier à mon sentiment d'insécurité !

Ce cher pasteur me fit remarquer que j'avais moi-même implanté des églises un peu partout, sans égard apparent pour leur proximité vis-à-vis d'autres églises. Il me fit également remarquer que j'avais fondé des églises avec des gens qui étaient membres d'autres églises.

Puis il me demanda sans détour : « Pourquoi vous contredisez-vous ? »

Puis il me conseilla d'accepter le fait que des pasteurs pouvaient quitter mon église car sinon je me battrais avec tous ceux qui sont partis.

Je fus surpris quand il poursuivit : « Vous m'avez nommé pasteur et j'ai honoré cette position avec ma sueur et mon argent. Je ne vous dois plus rien ». Enfin, il m'avertit : « Je vous tiens personnellement responsable de tout ce qui pourrait porter atteinte à mon mariage ».

Il a oublié, mais je me souvenais

Je réfléchissais à ces paroles pendant longtemps. Je considérai comment il était devenu riche et prospère au fil des ans, et avec quelle hardiesse il me faisait des remontrances et me donnait des conseils aujourd'hui.

Mais je me souvenais également que des années auparavant ce frère (qui maintenant me réprimandait) était un pauvre immigré en situation irrégulière qui n'avait même pas les moyens de se nourrir. Pourtant cela lui semblait peu de choses que d'avoir été tiré de cette situation et placé là où il était actuellement.

Il ne pouvait pas se souvenir de son point de départ ; c'est pourquoi il parlait avec hardiesse et de manière irrespectueuse (présomption).

Voyez-vous, nous avons tous connu d'humbles débuts. J'ai commencé ma vie et mon ministère en bas de l'échelle. Ce qui importe n'est pas la faiblesse de votre point de départ. Ce qui importe est combien vous pouvez vous souvenir de vos humbles débuts ! Je me rendis compte que ce frère avait oublié qu'il n'aurait peut-être jamais pu devenir pasteur s'il ne m'avait pas rencontré.

Il avait peut-être oublié comment je l'avais encouragé à embrasser le ministère.

Il semblait avoir oublié comment je l'avais choisi et envoyé dans un pays en particulier qu'il ne connaissait pas.

Il avait oublié qu'il n'aurait jamais eu la femme qu'il avait, si je n'avais pas dit à cette dernière de l'épouser.

Je me rappelais que sa femme m'avait posé des questions à son sujet. Elle ne voulait pas se marier, et surtout elle ne voulait pas se marier avec lui.

Mais je l'avais convaincue et lui avais dit que c'était un homme bon. Avant qu'elle ne l'épouse, j'avais beaucoup d'autorité sur cette femme et elle aurait fait tout ce que je lui disais. À l'époque, les paroles et les conseils que je lui donnais étaient comme des oracles de Dieu. Tout ce que je disais comptait pour elle.

Grâce à son mariage que j'avais parrainé, ce frère était devenu membre d'une famille bien connue et jouissait de ses privilèges, de la richesse financière et de l'héritage de cette famille.

Ce frère semblait avoir oublié tout cela et il me disait maintenant qu'il ne me devait rien !

Je devrais peut-être me joindre à Paul en disant : « je ne te dis pas comment par ailleurs tu me dois ta propre personne ». Ce frère disait qu'il ne me devait rien. Mais Paul dit à Philémon qu'il lui devait sa vie même.

> **Moi, Paul, je l'ai écrit de ma propre main, je te le repayerai bien que je ne te dise pas comment par ailleurs TU ME DOIS TA PROPRE PERSONNE.**
>
> **Philémon 19**

Il est toujours intéressant de voir les fils de Koré réprimander leurs pères. Ils aiment remettre les pères à leur place. Cela leur semble peu de chose. Tout ce que leurs pères ont fait pour eux leur semble n'être rien.

C'est seulement parce que les gens oublient où ils étaient et qui ils étaient qu'ils prononcent des paroles pleines d'arrogance. Je vous en prie, ne répétez pas ces erreurs. Elles sont écrites pour nous servir d'exemple.

> **Moïse dit à Koré : Écoutez donc, enfants de Lévi : Est-ce trop peu pour vous que le Dieu d'Israël vous ait choisis dans l'assemblée d'Israël, en vous faisant approcher de lui, afin que vous soyez employés au service du tabernacle du SEIGNEUR, et que vous vous présentiez devant l'assemblée pour la servir ?**
>
> **Nombres 16 : 8-9**

6. CEUX QUI OUBLIENT DEVIENNENT REBELLES.

Samuel dit : Lorsque tu étais PETIT À TES YEUX, n'es-tu pas devenu le chef des tribus d'Israël, et le SEIGNEUR ne t'a-t-il pas oint pour que tu sois roi sur Israël ?

1 Samuel 15 : 17

Saül ne se souvint pas d'obéir au Seigneur quand il fut élevé. Samuel lui rappela qu'il était un moins que rien lorsque Dieu l'avait appelé et oint. Apparemment, il avait oublié à quel point il était insignifiant au début

Que le vent soit contre toi

Les gens se rebellent contre ceux qui les ont aidés à commencer parce qu'ils ne se souviennent pas comment ils sont arrivés là où ils sont maintenant. Je me souviens d'un frère qui s'était révolté contre son surintendant général. Il fut envoyé dans un pays étranger pour y implanter une église. Après que l'église eut pris de l'importance et connu le succès, ce frère décida de se dissocier de l'église qui l'avait envoyé. Je rendis visite au surintendant général et il me parla amèrement de ce missionnaire.

Je fus étonné d'apprendre que ce frère lui avait écrit une lettre désagréable pour lui demander de le laisser tranquille. Il dit à son pasteur qu'il ne lui devait rien et qu'il n'avait rien fait pour lui.

Le surintendant général était très en colère en me racontant l'histoire de ce fils ingrat et oublieux.

Alors que nous parlions, il dit : « Cet homme était un des domestiques que j'avais élevés ». Puis il me montra l'endroit où cet homme avait l'habitude de prier avec d'autres.

« Cet homme appartenait à un groupe de moins que rien que j'avais aidés.

Je les ai accueillis dans ma maison et leur ai donné un endroit pour prier dans mon salon. Je les ai formés pour embrasser le ministère », me dit-il.

Il décrivit comment il avait usé de son influence pour lui obtenir des visas (en Afrique, c'est un miracle d'obtenir un visa pour un pays européen quand vous ne venez pas d'une famille riche ou respectée).

Puis il leva les doigts et maudit l'homme : « Que le vent soit contre lui ».

Parce que ce garçon avait oublié d'où il venait et qui l'avait aidé, il reçut une malédiction ce soir-là.

Un an plus tard, je croisai ce ministre oublieux dans un centre commercial. Il faisait des courses avec sa femme et avait rempli son chariot de casseroles, de poêles et autres articles ménagers. Il vivait heureux avec sa femme, loin de la colère de son surintendant général.

Dès que je le vis, je me souvins des doigts levés et de la malédiction : que le vent soit contre lui.

Et de fait le vent en vint à être contre lui ! Avec le temps, le vent démantela son église et ses fidèles se dispersèrent ! Quand je rencontrais les membres de sa congrégation et bienfaiteurs les plus importants, ils me disaient qu'ils ne le fréquentaient plus.

Ce même vent l'emporta dans l'adultère et détruisit bien évidemment son mariage. Le vent continua de souffler jusqu'à ce qu'il ait emporté sa femme et ses enfants. Le vent l'emporta hors du pays dans lequel il avait été envoyé. Le vent l'emporta sur les mers et loin dans l'obscurité. C'est ce vent qui emporte au loin les oublieux et les rebelles !

7. CEUX QUI OUBLIENT DEVIENNENT DES MINISTRES DE SECONDE ZONE.

Vous souvenir de ce que vous avez vécu améliore considérablement vos sermons et votre plume. Beaucoup de prédicateurs sont ennuyeux parce qu'ils ne racontent jamais ce par quoi Dieu les avait fait passer.

C'est la capacité de se souvenir qui fait la différence entre un bon et un mauvais prédicateur. Vous serez surpris de l'attention que la congrégation vous portera quand vous commencez à leur raconter l'histoire vraie de votre vie.

L'apôtre Paul se souvenait de ses expériences en détail. Il racontait souvent ses histoires à qui voulait l'entendre. Dans ses lettres, il décrivit son passé dans les moindres détails. Il relata ses expériences et se souvenait même des différentes émotions de chaque saison.

Paul raconta à Agrippa ce qui lui était arrivé sur la route de Damas

> Je les ai souvent châtiés dans toutes les synagogues, et je les forçais à blasphémer. Dans mes excès de fureur contre eux, je les persécutais même jusque dans les villes étrangères.
>
> C'est dans ce but que je me rendis à Damas, avec l'autorisation et la permission des principaux sacrificateurs. Vers le milieu du jour, ô roi, je vis en chemin resplendir autour de moi et de mes compagnons une lumière venant du ciel, et dont l'éclat surpassait celui du soleil.
>
> Nous tombâmes tous par terre, et j'entendis une voix qui me disait en langue hébraïque : Saul, Saul, pourquoi me persécutes-tu ? Il te serait dur de regimber contre les aiguillons.
>
> Je répondis : Qui es-tu, Seigneur ? Et le Seigneur dit : Je suis Jésus que tu persécutes.
>
> Actes 26 : 11-15

Paul raconte aux Galates le début de son ministère

> Mais, lorsqu'il plut à celui qui m'avait mis à part dès le sein de ma mère, et qui m'a appelé par sa grâce, de révéler en moi son Fils, afin que je l'annonçasse parmi

les païens, aussitôt, je ne consultai ni la chair ni le sang, et je ne montai point à Jérusalem vers ceux qui furent apôtres avant moi, mais je partis pour l'Arabie. Puis je revins encore à Damas.

Trois ans plus tard, je montai à Jérusalem pour faire la connaissance de Céphas, et je demeurai quinze jours chez lui.

Galates 1 : 15-18

Paul parle aux Philippiens de son éducation

Moi aussi, cependant, j'aurais sujet de mettre ma confiance en la chair. Si quelque autre croit pouvoir se confier en la chair, je le puis bien davantage, moi, circoncis le huitième jour, de la race d'Israël, de la tribu de Benjamin, Hébreu né d'Hébreux ; quant à la loi, pharisien ; quant au zèle, persécuteur de l'Église ; irréprochable, à l'égard de la justice de la loi.

Mais ces choses qui étaient pour moi des gains, je les ai regardées comme une perte, à cause de Christ.

Philippiens 3 : 4-7

Paul raconte aux Corinthiens ses problèmes personnels

Sont-ils ministres de Christ ? - Je parle en homme qui extravague. - Je le suis plus encore : par les travaux, bien plus; par les coups, bien plus ; par les emprisonnements, bien plus. Souvent en danger de mort, cinq fois j'ai reçu des Juifs quarante coups moins un, trois fois j'ai été battu de verges, une fois j'ai été lapidé, trois fois j'ai fait naufrage, j'ai passé un jour et une nuit dans l'abîme.

Fréquemment en voyage, j'ai été en péril sur les fleuves, en péril de la part des brigands, en péril de la part de ceux de ma nation, en péril de la part des païens, en péril dans les villes, en péril dans les déserts, en péril sur la mer, en péril parmi les faux frères.

J'ai été dans le travail et dans la peine, exposé à de nombreuses veilles, à la faim et à la soif, à des jeûnes multipliés, au froid et à la nudité.

2 Corinthiens 11 : 23-27

Paul parle de ses sentiments aux Corinthiens

Nous ne voulons pas, en effet, vous laisser ignorer, frères, au sujet de la tribulation qui nous est survenue en Asie, que nous avons été excessivement accablés, au-delà de nos forces, de telle sorte que nous désespérions même de conserver la vie. Et nous regardions comme certain notre arrêt de mort, afin de ne pas placer notre confiance en nous-mêmes, mais de la placer en Dieu, qui ressuscite les morts. C'est lui qui nous a délivrés et qui nous délivrera d'une telle mort, lui de qui nous espérons qu'il nous délivrera encore.

2 Corinthiens 1 : 8-10

Devenez un meilleur prédicateur ! Souvenez-vous de vos expériences et partagez-les ! Ne croyez pas que votre vie est sans histoire et ennuyeuse. Ne pensez pas que vous n'avez pas d'expériences de vie à partager. C'est une tromperie.

Commencez à vous rappeler et parlez des petites choses par lesquelles Dieu vous a fait passer. Je vous le promets ; votre ministère prendra vie et votre prédication sera ointe !

8. CEUX QUI OUBLIENT MANQUENT DE LA COMPASSION NÉCESSAIRE POUR LE MINISTÈRE.

Voyant la foule, il fut ému de compassion pour elle, parce qu'elle était languissante et abattue, comme des brebis qui n'ont point de berger.

Matthieu 9 : 36

L'histoire du Bon Samaritain illustre cette réalité. Je suis certain que l'oubli conduit à un manque de passion pour le vrai ministère.

Les Lévites et les prêtres, remplis de la connaissance de Dieu, passèrent près du Samaritain. Mais ils n'avaient pas de *compassion*. Quand l'homme rempli de compassion passa, il fut touché et sauva le frère qui était à moitié mort. Ce monde est à moitié mort et attend que nous venions le sauver. Nous avons l'Évangile de Jésus Christ, le seul espoir de ce monde !

Mais un Samaritain, qui voyageait, étant venu là, fut ému de COMPASSION lorsqu'il le vit.

Il s'approcha, et banda ses plaies, en y versant de l'huile et du vin; puis il le mit sur sa propre monture, le conduisit à une hôtellerie, et prit soin de lui.

Le lendemain, il tira deux deniers, les donna à l'hôte, et dit : Aie soin de lui, et ce que tu dépenseras de plus, je te le rendrai à mon retour.

Lequel de ces trois te semble avoir été le prochain de celui qui était tombé au milieu des brigands ?

Luc 10 : 33-36

Les inventions modernes comme la télévision, la radio, les cassettes, les CD et Internet ont rendu l'Écriture plus accessible que jamais. Malheureusement, la propagation de l'Écriture et la disponibilité de cette connaissance n'ont pas donné lieu à plus de compassion. La compassion pour les âmes est presque absente, alors que l'amour des richesses et des finances est à son apogée !

La triste réalité est que l'évangélisation de ce monde ne se fera pas sans compassion. Mais comment pouvons-nous avoir de la compassion si nous ne nous souvenons pas de ce que c'est que de presque aller en Enfer ?

Paul se souvenait

Frères, le vœu de mon cœur et ma prière à Dieu pour eux, c'est qu'ils soient sauvés.

Romains 10 : 1

L'apôtre Paul fut pris de compassion car il se souvenait des gens qui étaient comme lui. Il se souvenait des siens qui vivaient dans les ténèbres. Il se souvenait qu'il avait failli ne pas être sauvé lui-même. À un moment, il aurait même voulu se tuer pour qu'ils soient sauvés. « Je dis la vérité en Christ, je ne mens point, ma conscience m'en rend témoignage par le Saint-Esprit : j'éprouve une grande tristesse, et j'ai dans le cœur un chagrin continuel. *Car je voudrais moi-même être anathème et séparé de Christ pour mes frères,* mes parents selon la chair » (Romains 9 : 1-3).

Avoir le genre de compassion nécessaire pour le ministère va de pair avec la capacité de se souvenir. Les gens n'ont pas de compassion parce qu'ils ne se souviennent pas.

Un jour, je rencontrai un millionnaire qui avait établi un grand ministère destiné aux prisons. Il me raconta qu'il avait été en prison pendant plusieurs années puis avait été libéré miraculeusement. Après avoir été libéré, cet homme ne pouvait pas oublier son expérience en prison. Le Seigneur s'était servi de lui pour fonder un ministère destiné aux prisons d'envergure nationale ; celui-ci toucha la vie de milliers de prisonniers.

Dieu attend de vous que vous n'oubliiez pas ce que vous avez vu, entendu et vécu.

Chapitre 5

Sept clés qui vous aideront à vous souvenir

1. ÉTUDIEZ L'HISTOIRE.

Il y a certaines raisons pour lesquelles les gens oublient des choses. Vous devez lutter contre la tendance naturelle à oublier des choses importantes. Alors que les enfants d'Israël se préparaient à faire l'expérience de la Terre Promise, Dieu savait qu'ils oublieraient presque toutes les choses importantes qu'ils avaient apprises. Moïse leur racontait et répétait l'histoire de leur voyage.

Permettez à l'histoire de vous empêcher d'oublier

Il s'éleva sur l'Égypte un nouveau roi, qui n'avait point connu Joseph.

Exode 1 : 8

Pharaon oublia l'histoire de son propre pays. Il ne savait pas que son pays aurait été anéanti sans les bonnes œuvres de Joseph.

Pourtant, il oublia qui étaient les Israélites et commença à les persécuter. Peut-être que s'il avait lu son livre d'histoire, il n'aurait pas persécuté les descendants de Joseph. Il repaya le bien que Joseph avait fait pour la nation d'Égypte par le mal.

L'oubli coûteux du Pharaon Ignorance et déloyauté

L'incapacité de Pharaon à lire l'histoire lui a coûté cher. En se montrant ingrat envers les Israélites, il sema les graines de la destruction de l'Égypte. Dieu intervint et anéantit l'économie de l'Égypte. Il détruisit leurs fermes, leur infrastructure, leur eau, leur bétail, leur végétation et leurs conforts personnels.

Je pense que l'histoire est l'un des sujets les plus importants à étudier. Je vous en prie, lisez vos livres d'histoire ! Je vous en prie, lisez les biographies des hommes de Dieu. En elles, vous trouverez de grandes leçons de vie que vous ne devez jamais oublier.

2. NE LAISSEZ PAS VOS SUCCÈS DÉTRUIRE VOTRE MÉMOIRE.

SOUVIENS-toi du SEIGNEUR ton Dieu, car c'est lui qui te donnera de la force pour les acquérir, afin de confirmer, comme il le fait aujourd'hui, son alliance qu'il a jurée à tes pères.

Deutéronome 8 : 18

Moïse définit le succès comme « lorsque tu mangeras et te rassasieras ».

Les gens qui réussissent souffrent le plus d'un manque de mémoire. Ils ne se souviennent pas comment ils sont arrivés là où ils sont. Comme le prophète qu'il était, Moïse les mit en garde contre des bénédictions spécifiques et la tendance à oublier l'apport du Seigneur dans leur vie.

Lorsque tu mangeras et te rassasieras, tu béniras le SEIGNEUR ton Dieu, pour le bon pays qu'il t'a donné. Garde-toi d'oublier le SEIGNEUR ton Dieu, au point de ne pas observer ses commandements, ses ordonnances et ses lois, que je te prescris aujourd'hui. Lorsque tu mangeras et te rassasieras, lorsque tu bâtiras et habiteras de belles maisons, lorsque tu verras multiplier ton gros et ton menu bétail, s'augmenter ton argent et ton or, et s'accroître tout ce qui est à toi, prends garde que ton cœur ne s'enfle, et que tu n'oublies le SEIGNEUR ton Dieu, qui t'a fait sortir du pays d'Égypte, de la maison de servitude ;

Deutéronome 8 : 10-14

Tous ceux qui ont construit de belles maisons et y habitent devraient faire attention à ne pas oublier le Seigneur.

Tous ceux dont la fortune (argent et or) s'est multipliée devraient faire attention à ne pas oublier le Seigneur.

Tous ceux qui ont prospéré sont susceptibles d'être fiers et d'oublier le Seigneur.

Ne me demandez pas d'expliquer comment ce problème arrive.

Il est juste bien connu que les bénédictions et la prospérité font que les gens oublient Dieu. C'est pourquoi il est plus facile à un chameau de passer par le chas d'une aiguille qu'à un riche d'entrer dans le royaume de Dieu.

Que devez-vous donc faire ?

Il suffit de décider de craindre Dieu et d'être extrêmement spirituel quand vous avez toutes ces choses.

Priez pour l'humilité et la grâce d'éviter cette tendance par trop commune !

3. NE LAISSEZ PAS LE PASSAGE DU TEMPS VOUS FAIRE OUBLIER.

Le chef des échansons ne se SOUVINT pas de Joseph. Il l'oublia.

Genèse 40 :23

Une autre raison pour laquelle les gens oublient est tout simplement le passage du temps. Lorsque le chef des échansons était en prison, il avait été grandement aidé par Joseph. Mais il oublia Joseph une fois libéré. Même s'il avait été aidé en prison, il oublia Joseph une fois libre.

J'ai vu comment les gens oublient d'où ils sont venus. Avec le temps, ils ont besoin qu'on leur rappelle leurs débuts.

À plusieurs occasions, le Seigneur s'est servi de moi pour fonder différents groupes, diverses fraternités et églises. Parfois, je confiais le groupe à un responsable et m'éloignais pour un temps. Invariablement, ils m'oubliaient. Ils oubliaient comment ils avaient commencé et ils m'oubliaient. Avec le temps, ils ne voulaient même plus que je sois impliqué.

Je me souviens en particulier d'une fraternité que j'ai fondée et fait fonctionner pendant un certain temps. Plus tard, je suis retourné vers eux et leur ai expliqué que je voulais reprendre la tête du groupe. Après une série de discussions, j'ai senti que ma direction n'était plus acceptée, alors j'abandonnai l'idée. Je réfléchis à la tournure des événements et constatai que les gens oubliaient facilement d'où ils venaient.

Ces gens avaient oublié qu'ils ne se connaissaient même pas avant que je les aie rassemblés et présentés les uns aux autres. En outre, ils avaient oublié qu'aucun d'entre eux n'avait eu une vision d'une telle fraternité. J'en avais eu la vision et les avais invités à y participer.

Ils avaient aussi oublié que toutes les activités dans lesquelles ils étaient actuellement engagés étaient des choses que j'avais instituées. Ils avaient oublié comment leur association avec moi les avait amenés aux relations dont ils jouissaient désormais.

Mais tel est le sort du fondateur. Il doit être prêt à être oublié et mis de côté. C'est la raison pour laquelle les gens s'accrochent à leur poste de dirigeant jusqu'à leur mort. Ils ont peur de céder leur précieuse vision à des hommes qui oublient. Le chef des échansons oublia Joseph. Beaucoup oublient ceux qui ont été de vraies bénédictions spirituelles pour eux.

4. RECONNAISSEZ LA MAIN DE DIEU DANS TOUT CE QUI ARRIVE.

> Tu t'es élevé contre le Seigneur des cieux ; les vases de sa maison ont été apportés devant toi, et vous vous en êtes servis pour boire du vin, toi et tes grands, tes femmes et tes concubines ; tu as loué les dieux d'argent, d'or, d'airain, de fer, de bois et de pierre, qui ne voient point, qui n'entendent point, et qui ne savent rien, et TU N'AS PAS GLORIFIÉ LE DIEU QUI A DANS SA MAIN TON SOUFFLE ET TOUTES TES VOIES.
>
> Daniel 5 : 23

Beaucoup ne comprennent ni pourquoi ni comment ils sont bénis. Ils jouissent tout simplement des bénédictions mais ne comprennent pas comment ils les ont acquises.

Par exemple, la plupart des Africains ne savent pas comment l'Europe a été construite. Ils n'ont aucune idée de comment une société propre et disciplinée est créée. Ils aiment se rendre dans ces pays occidentaux et y vivre si possible.

Mais ils font des choses qui détruisent leur propre pays. Ils se battent contre les choses mêmes qui peuvent créer ce qu'ils veulent. Ils s'opposent à des décisions qui apporteront l'ordre et la propreté et toutes les autres choses que le monde occidental a.

Ils rejettent le genre de dirigeants pragmatiques qui peuvent créer un environnement de type occidental et choisissent des hommes irréalistes, cérémonieux et élégants qui connaissent peu de choses sur le leadership ! Ils ne comprennent tout simplement pas comment les sociétés propres, disciplinées, modernes et riches sont créées.

Beaucoup ne comprennent pas comment fonctionne la gouvernance. J'en ai conclu que la plupart des gens choisissent le mauvais dirigeant. Ils ne connaissent tout simplement pas le genre de qualités nécessaires à un dirigeant pour nous sortir de la misère. Les dirigeants radicaux et forts qui peuvent mener les populations de pays sous-développés vers la prospérité ne sont tout simplement pas choisis par la voie des urnes.

Souvent, de beaux parleurs consensuels, traditionnels et « gentils » sont choisis par les sociétés sous-développées car les gens aiment leur approche. Malheureusement, ces personnes n'amènent pas de véritables progrès.

De même, les chrétiens ne savent pas comment ils en viennent à être bénis. Beaucoup de croyants ne comprennent même pas pourquoi certaines choses arrivent. Ils oublient que leur destin est dans les mains de Dieu.

> **[...] et tu n'as pas glorifié le Dieu qui a dans sa main ton souffle et toutes tes voies !**
>
> **Daniel 5 : 23-24**

Belschatsar loua les dieux d'or et d'argent, de bois et de pierre. Mais il n'honora pas le Dieu qui l'avait réellement élevé. Le prophète Daniel réprimanda Belschatsar parce qu'il ne se souvenait pas de Celui qui seul importait vraiment.

Il tient notre souffle dans Sa main et Il contrôle toutes nos voies. Il est donc la source de toutes nos bénédictions.

Comment pouvons-nous oublier celui qui contrôle tout ce qui touche notre vie ? Nous ne pouvons pas vivre un jour de plus que ce qu'Il permet. Nous ne pouvons rien faire qu'Il ne permette. Il tient le monde entier entre Ses mains. Nous ne devons pas oublier la main de Dieu qui règne sur nos affaires.

5. RECONNAISSEZ TOUJOURS LES GENS DONT DIEU S'EST SERVI DANS VOTRE VIE.

Laban lui dit : Puissé-je trouver grâce à tes yeux ! Je vois bien QUE LE SEIGNEUR M'A BÉNI À CAUSE DE TOI.

Genèse 30 : 27

Les gens oublient parce qu'ils ne reconnaissent pas les vases de Dieu. Ils ne se rendent pas compte qu'ils sont là où ils sont parce que Dieu les a bénis à travers leur lien avec quelqu'un. L'incapacité à comprendre cela cause de nombreuses catastrophes dans la vie.

Il faut de l'humilité pour reconnaître que Dieu a choisi certaines personnes, leur a confié une mission et a favorisé tous ceux qui aident leur cause.

Dieu a choisi Israël et a béni tous ceux qui aident ce pays. Vous ne pouvez rien faire face aux choix de Dieu.

Laban était un sage non-croyant qui reconnaissait que ses bénédictions venaient de ses liens avec Jacob. Il ne voulait pas se séparer de Jacob parce qu'il sentait que la bénédiction lui venait par ce lien.

Lorsque l'Arche d'Alliance était dans la maison d'Obed-Édom, tout prospérait. La maison d'Obed-Édom était pleinement bénie à cause de la présence de l'Arche d'Alliance.

> **On vint dire au roi David : Le SEIGNEUR a béni la maison d'Obed-Édom et tout ce qui est à lui, à cause de l'arche de Dieu [...]**
>
> **2 Samuel 6 :12**

Une personne sage et spirituelle se joindra à des gens qui sont manifestement appelés et favorisés par le Seigneur. Vous devez puiser dans la grâce accordée à cette personne. Les gens oublient comment ils ont été élevés des profondeurs vers de grandes hauteurs, par leurs liens avec une personne en particulier.

Deux associés oublieux

JE ME SOUVIENS du pasteur d'une église de cinq mille membres qui avait deux associés puissants. Ces ministres associés oublièrent comment leur destin avait changé grâce à leur association avec ce pasteur principal.

Un jour, leur pasteur principal, sentant la rébellion monter, transféra ces deux associés et les envoya loin de lui.

Je rencontrai l'un d'eux, et il me parla avec amertume de sa mutation.

Il me dit : « Le fait même que le mot 'mutation' me soit appliqué est absurde ».

L'autre associé, tout aussi amer, dit beaucoup de choses désobligeantes sur son pasteur principal.

Je savais que ce n'était qu'une question de temps avant qu'ils ne démissionnent tous les deux. Quelques mois plus tard, ils quittèrent tous les deux le ministère et se dissocièrent de leur pasteur.

Les années passèrent et j'observai comment leur vie évoluait. Le pasteur principal continua de s'affermir et son ministère devint le plus important de la ville. Malheureusement, les associés, eux, semblaient dépérir.

L'un d'eux essaya de démarrer une église, mais il ne put rassembler plus de cinq membres. Son église ne dépassa jamais la taille de sa salle de séjour.

L'autre devint pasteur d'une autre église, mais fut renvoyé peu après pour mauvaise conduite.

Ces deux associés connurent des difficultés pendant des années, allant d'un emploi à un autre sans jamais accomplir grand-chose.

Je me rendis compte que ces associés avaient quitté leur place et n'avaient pas reconnu que Dieu les avait bénis par leur lien à ce pasteur principal. Bien sûr, il faut de l'humilité pour ne serait-ce que reconnaître cette vérité.

N'ayez pas peur de reconnaître que Dieu s'est servi d'un être humain pour changer votre vie !

6. DÉVELOPPEZ DANS VOTRE COMPRÉHENSION DES RAISONS POUR LESQUELLES DIEU BÉNIT LES GENS.

Lorsque vous ne comprenez pas pourquoi Dieu bénit quelqu'un, vous négligerez rapidement les principes importants par lesquels il vit. Une meilleure compréhension vous permet d'avoir une meilleure mémoire. C'est pourquoi l'enseignement déploie diverses techniques pour induire une meilleure compréhension des sujets. Plus vous comprenez, plus vous vous souvenez ! Un vieux proverbe chinois dit : « Vous entendez vous oubliez ; vous voyez vous vous souvenez ; vous faites vous comprenez ».

Pourquoi Dieu bénit le Roi David

Peut-être que le roi Salomon ne comprenait pas pourquoi Dieu avait béni son père David. Le roi Salomon se souvenait que Dieu avait été en colère contre son père parce qu'il couchait avec la femme d'un autre, et il décida de ne pas tomber dans les péchés de son père. C'est probablement pourquoi il épousa tant de femmes. Il ne voulait pas commettre l'adultère, alors il décida d'épouser toutes les filles qu'il voyait. En fin de compte, il épousa un millier de femmes ! Ceci est en soi un miracle.

Peut-être que Salomon ne comprenait pas que finalement David était un homme selon le cœur de Dieu, un homme qui n'adorerait jamais une idole. David servit Dieu entièrement et passionnément en dépit de ses faiblesses humaines.

Vous pensez peut-être que Dieu était fâché avec Salomon à cause des nombreuses femmes qu'il aimait. Bien que les nombreuses femmes dans sa vie lui aient causé des problèmes, ce n'était pas la raison pour laquelle Dieu rejeta Salomon.

La Bible nous dit clairement que Dieu rejeta Salomon parce que son cœur n'était pas donné tout entier au Seigneur et qu'il adorait des idoles dans sa vieillesse. Le Roi David n'adora jamais d'idoles et il n'existe aucune mention de ce genre de pratiques en son temps.

> **À l'époque de la vieillesse de Salomon, ses femmes inclinèrent son cœur vers d'autres dieux ; et son cœur ne fut point tout entier au SEIGNEUR son Dieu, comme l'avait été le cœur de David, son père.**
>
> **1 Rois 11 : 4**

Le vrai secret derrière la bénédiction du roi David est qu'il servit le Dieu vivant de tout son cœur. Peut-être que l'incompréhension du secret du succès de quelqu'un vous conduira à mettre de côté la chose même qui le rendit grand.

7. N'AYEZ PAS DE TROU DE MÉMOIRE REBELLE.

> **Si donc tu me tiens pour ton ami, reçois-le comme moi-même. Et s'il t'a fait quelque tort, ou s'il te doit quelque chose, mets-le sur mon compte. Moi Paul, je l'écris de ma propre main, - je paierai, POUR NE PAS TE DIRE QUE TU TE DOIS TOI-MÊME À MOI.**
>
> **Philémon 17-19**

Paul, comme beaucoup de pères et d'apôtres, ne prenait pas la peine de dire aux jeunes qu'ils lui devaient effectivement toute leur vie. Philémon ne lui devait pas seulement de la gratitude pour de beaux enseignements. Philémon ne lui devait pas seulement de la gratitude pour de puissantes prières. Il lui devait sa vie même ! Un jour, Paul décida de faire remarquer cela à Philémon, parce qu'il lui demandait une faveur.

Il y a des gens qui se rebellent contre l'autorité et ont donc besoin d'effacer le souvenir de ceux qui les ont aidés. Quand les gens ne veulent pas montrer de gratitude, ils effacent consciemment le souvenir des bonnes choses faites pour eux.

Ils sélectionnent les choses dont ils veulent se souvenir et effacent le souvenir d'autres choses. Ils essaient ensuite d'attribuer leur succès à d'autres raisons, en minimisant toute référence à celui qui les a réellement aidés.

Ils disent des choses comme : *« J'en serais arrivé là de toute façon. J'aurais embrassé le ministère de toute façon. J'aurais été ordonné de toute façon. J'aurais eu une vie meilleure ailleurs. J'aurais voyagé dans ces pays de toute façon ».*

Ils disent aussi des choses comme : *« Je ne peux pas vous dire merci pour toujours. Je vous ai assez honoré ».*

Mais Paul dit à Philémon : « Tu me dois toute ta vie entière ». Voyez-vous, il y a des choses qui touchent tous les aspects de votre vie. Recevoir le salut n'est pas seulement recevoir un bon enseignement. C'est le sauvetage d'une vie entière !

Être dans le ministère n'est pas seulement une occasion d'occuper une certaine position sociale. C'est le plus grand privilège qui puisse être donné à un être humain, avec des récompenses éternelles inimaginables ! Il n'y a rien de plus grand que de travailler pour le Roi des Rois.

À cause de l'Onction

J'étais un jour à Tulsa, en Oklahoma, pour assister à un séminaire d'hiver sur la Bible. À un moment pendant le séminaire, le Seigneur me dit de faire une offrande à Frère Hagin. Je n'y voyais pas d'inconvénient, alors j'ai accepté.

Cette nuit-là, Kenneth Hagin parla de beaucoup de choses et nous dit qu'il avait gagné des millions de dollars cette année-là. Il parla également d'autres bénédictions financières qu'il avait reçues du Seigneur. Quand j'entendis son témoignage, je me décourageai en pensant à la somme que j'allais lui offrir. Je décidai en fin de compte de ne pas la lui donner. Après tout, j'étais sûr qu'il n'avait pas besoin de mon argent !

Mais le lendemain matin, le Seigneur me réprimanda sévèrement à ce sujet et me dit que j'étais ingrat. Il me montra que même si je n'avais jamais parlé à Kenneth Hagin ni reçu directement d'avantages matériels de sa part, toutes les bénédictions de ma vie m'étaient venues par l'onction que j'avais reçue à travers lui.

Il me dit que j'avais reçu une onction par le biais du ministère de Kenneth Hagin.

Il me fit ensuite remarquer que tout ce que je faisais dans le ministère était lié à l'onction et donc à Kenneth Hagin.

Il me dit que la maison où je vivais était due à l'onction qu'Il m'avait donnée.

Il me dit que les voitures que je possédais étaient à ma disposition grâce à l'onction que j'avais reçue par le biais de Kenneth Hagin.

Il me montra que tout l'argent que j'avais était la conséquence du ministère et de l'onction que j'avais reçue par le biais de Kenneth Hagin. Il me montra également que le fait d'être en mesure d'acheter un billet pour un vol entre l'Afrique et Tulsa, en Oklahoma, découlait de l'onction que j'avais reçue par cet homme.

Toute ma vie était liée à l'onction qui m'était venue par le biais d'un seul homme.

Pourquoi est-ce que j'hésitais ?

Pourquoi est-ce que je ne voulais pas lui faire une offrande ? Quelle raison y avait-il de lui refuser une offrande ?

À quoi est-ce que je pensais ? Est-ce que je ne voyais pas que tout était lié à cette personne ?

« Quand aurais-je à nouveau une telle occasion ? », me demanda le Seigneur. Je pleurais comme un bébé, alors qu'Il me réprimandait à ce sujet.

Nous voulons parfois occulter la réalité selon laquelle nous devons tout à une personne en particulier. Nous ne voulons pas attribuer toutes les grandes choses de notre vie à une seule personne. Toutefois, il n'est pas nécessaire d'occulter la réalité de ce que Dieu a fait.

N'oubliez jamais que beaucoup de choses sont souvent liées à une seule personne. Soyez reconnaissants envers Dieu et envers la personne dont Il s'est servi pour vous bénir. C'est ce que Paul voulait dire quand il dit à Philémon : « Pour ne pas te dire que TU TE DOIS TOI-MÊME À MOI » (Philémon 19).

Chapitre 6

Les choses dont les justes se souviennent

1. LES JUSTES SE SOUVIENNENT DES ANNIVERSAIRES IMPORTANTS.

Pendant la fête, tu ne mangeras pas du pain levé, mais tu mangeras sept jours des pains sans levain, du pain d'affliction, car c'est avec précipitation que tu es sorti du pays d'Égypte : il en sera ainsi, afin que tu te SOUVIENNES toute ta vie DU JOUR OÙ TU ES SORTI DU PAYS D'ÉGYPTE.

Deutéronome 16 : 3

La plupart des gens se souviennent seulement de l'anniversaire du jour de leur naissance. Mais il y a des jours plus importants que votre anniversaire. Le jour où vous êtes né de nouveau, le jour où vous avez été rempli de l'Esprit, le jour où vous avez été guéri et le jour où vous avez été appelé au ministère.

Et le jour où vous êtes sorti d'une expérience de mort imminente ?

Et le jour où quelqu'un vous a aidé à sortir d'une situation critique ?

Et le jour où quelqu'un vous a présenté à une personne importante ?

Et le jour où on vous a aidé et le jour de votre promotion ?

Et le jour où Jésus est né, le jour de Sa mort et le jour où Il est ressuscité des morts ?

Ce sont des jours importants dont les chrétiens doivent se souvenir.

2. LES JUSTES SE SOUVIENNENT DE LEURS MOMENTS DIFFICILES ET DE COMMENT ILS S'EN SONT SORTIS.

> **TU TE SOUVIENDRAS QUE TU AS ÉTÉ ESCLAVE AU PAYS D'ÉGYPTE, et que le SEIGNEUR ton Dieu t'en a fait sortir à main forte et à bras étendu : c'est pourquoi le SEIGNEUR ton Dieu t'a ordonné d'observer le jour du repos.**
>
> **Deutéronome 5 : 15**

Les justes se souviennent exactement de qui les a aidés dans les moments difficiles.

Dans ce passage biblique, le Seigneur souligne que c'est Lui qui les a fait sortir du pays d'Égypte. Il est facile d'attribuer l'honneur à quelqu'un qui ne vous a pas vraiment aidé.

Maintenant que vous avez prospéré, vous pouvez facilement dire : « J'aurais réussi de toute façon ». Il est facile d'oublier les gens qui vous ont aidé dans les moments critiques de votre vie.

Avec les années, les moments critiques disparaissent de votre mémoire et vous oubliez à quel point vous étiez vulnérable à un moment donné. Dieu ne voulait pas que les Israélites oublient à quel point ils étaient vulnérables dans le pays d'Égypte et comment Il les a sauvés à ce moment-là.

> **Garde-toi d'oublier le Seigneur qui t'a fait sortir du pays d'Égypte, de la maison de servitude.**
>
> **Deutéronome 6 : 12**

3. CEUX QUI SE SOUVIENNENT SONT CAPABLES DE SURMONTER LEURS PEURS.

> **NE LES CRAINS POINT. RAPPELLE A TON SOUVENIR ce que LE SEIGNEUR ton Dieu a fait à Pharaon et à toute l'Égypte ;**
>
> **Deutéronome 7 : 18**

Les gens qui ne se souviennent pas sont remplis de crainte. Si vous vous souvenez de ce que le Seigneur a fait pour vous au fil des années, vous serez rempli de foi. Vous saurez que tout est possible ! Vous saurez qu'Il peut le faire à nouveau.

Si vous oubliez les grandes choses que le Seigneur a faites, toutes sortes de peurs irrationnelles saisiront votre cœur. Ces craintes peuvent vous conduire sur un chemin de destruction.

4. LES JUSTES SE SOUVIENNENT DES COMMANDEMENTS DU SEIGNEUR.

> **Garde-toi d'oublier le Seigneur ton Dieu, au point de NE PAS OBSERVER SES COMMANDEMENTS, ses ordonnances et ses lois, que je te prescris aujourd'hui :**
>
> **Deutéronome 8 : 11**

Un bon employé prend toujours un carnet et commence à prendre des notes quand le patron se met à parler. Pourquoi un bon employé prend-il des notes ? On oublie tous les instructions si on ne les écrit pas. Si vous ne faites pas cet effort supplémentaire, vous oublierez bientôt ce que le Seigneur vous a demandé de faire.

Dieu vous parlera par le biais de Ses serviteurs. Il y a des paroles ou des expressions particulières qui doivent rester gravées dans votre esprit. Dieu va utiliser ces paroles pour guider votre vie.

Méfiez-vous des voix de hâte

Un jour, un homme de Dieu face à une crise se trouva devant un ultimatum. On lui demanda de démissionner de son poste en signant une lettre apparemment inoffensive.

Sous la pression, il décida de signer la lettre et par cette décision, il perdit par inadvertance tout son ministère. Des années plus tard, il ne comprenait toujours pas pourquoi il avait fait une chose aussi bête.

Il raconta comment, alors jeune prédicateur, il avait assisté à une conférence et entendu un ministre faire une déclaration qui avait laissé une impression indélébile dans son cœur et son esprit.

La déclaration était : « *MÉFIEZ-VOUS DES VOIX DE HÂTE* ».

C'est une déclaration scripturaire parce que la Bible dit que celui qui se fie (au Seigneur) ne se hâtera pas (Ésaïe 28 : 16). Cette déclaration était restée gravée dans son esprit et il savait que c'était une importante parole de sagesse pour lui. Pour une raison ou une autre, au cœur de la crise, il oublia cette déclaration. L'oubli de cette déclaration lui coûta son ministère. S'il s'en était souvenu, il n'aurait pas signé ce document à la hâte et remis son ministère à des étrangers.

C'est pourquoi le Seigneur dit : « Tu te souviendras des paroles que le serviteur du Seigneur t'a ordonnées ». Il y a certaines paroles prononcées par les serviteurs de Dieu dont vous devez vous souvenir.

Les justes se souviennent de ce dont Dieu leur dit de se souvenir, même si cela ne semble pas avoir de sens. Dieu demanda aux enfants d'Israël de ne pas oublier ce qu'Amalek leur avait fait.

SOUVIENS-TOI DE CE QUE TE FIT AMALEK pendant la route, lors de votre sortie d'Égypte ;
Deutéronome 25 : 17

Se souvenir de la méchanceté de certaines personnes peut se révéler important pour votre sécurité. Le temps peut effacer le souvenir de certains maux. Il existe des relations qui seront toujours des pierres d'achoppement dans votre vie. Il existe des relations dont Dieu veut que vous vous restiez éloigné ; aujourd'hui et à l'avenir.

C'est pourquoi Dieu voulait que Son peuple se souvienne de ce qu'Amalek avait fait.

Oublier Amalek est comme oublier tous les dangers et destructeurs potentiels de votre ministère. « Lorsque le Seigneur ton Dieu, après t'avoir délivré de tous les ennemis qui t'entourent, t'accordera du repos dans le pays que le Seigneur ton Dieu te donne en héritage et en propriété, TU EFFACERAS LA MÉMOIRE D'AMALEK de dessous les cieux : NE L'OUBLIE POINT ». (Deutéronome 25 :19).

5. LES JUSTES SE SOUVIENNENT DES JOURS D'AUTREFOIS.

RAPPELLE À TON SOUVENIR LES ANCIENS JOURS, passe en revue les années, génération par génération, interroge ton père, et il te l'apprendra, tes vieillards, et ils te le diront.

Deutéronome 32 : 7

Les jeunes font souvent l'erreur de penser que tout ce qui est vieux est inutile. Se souvenir des jours d'autrefois est ce que nous appelons étudier l'histoire. Je ne connais pas de sujet plus important que l'étude de l'histoire ! L'histoire se répète en cycles !

Les événements ne font que se répéter. L'histoire se répète. Étudier l'histoire vous aidera à connaître l'avenir. L'avenir n'est pas déterminé par ce à quoi vous vous attendez ou par les principes que vous avez mis en place.

Les lions ont des instincts naturels qu'ils suivent sans réfléchir. Suivre ces instincts naturels crée les cycles de la vie du lion : chasser, tuer, s'accoupler et élever les petits.

Quand les humains suivent leurs instincts sans réfléchir, ils créent leurs propres cycles et tendances. Les tendances de la vie humaine sont difficiles à prévoir, sauf si vous étudiez l'histoire.

L'histoire humaine est plutôt déterminée par les jalousies, la haine, la convoitise et la méchanceté de l'homme que par autre chose. Ces « courants » invisibles conduisent à certains modèles qui sont difficiles à prévoir, sauf si vous étudiez l'histoire.

Une étude de l'histoire de l'homme révèle simplement un schéma de conflits et de guerres. Les gens qui regardent la chaîne télévisée History Channel sont surpris de constater qu'une grande partie de l'histoire de l'homme se résume tout simplement à des guerres qui se répètent. L'histoire révèle que le résultat surprenant des instincts de l'homme est la dissension et la guerre.

Ceux qui n'étudient pas l'histoire seront surpris par la vie.

C'est pourquoi l'instruction de Dieu est de se souvenir des jours d'autrefois.

6. LES JUSTES SE SOUVIENNENT DES BIENFAITS DU SEIGNEUR.

Mon âme, bénis le SEIGNEUR, et N'OUBLIE AUCUN DE SES BIENFAITS !

Psaume 103 : 2

Pourquoi est-il important de n'« oublier » aucun de Ses bienfaits ? Il est important de voir que les bienfaits viennent du Seigneur. Il est important de voir que tout don bon et parfait vient d'en haut.

La capacité de voir et de se souvenir des bienfaits qui accompagnent le service du Seigneur est nécessaire si nous voulons marcher avec Lui.

Quand vous ne vous souvenez pas des bienfaits, vous murmurez. Les mauvais esprits habitent ceux qui murmurent ! Sans la capacité de se souvenir des bienfaits, le mécontentement s'installe. Lisez votre Bible et découvrez ce qui arrive à ceux qui murmurent et se plaignent.

Les oublieux ne doivent jamais essayer de travailler pour Dieu dans le cadre d'un ministère à plein temps. Il y aura trop de raisons de se plaindre. Le ministère à plein temps est réservé à ceux qui peuvent *voir* les bienfaits, *se souvenir* des bienfaits et *être reconnaissants* pour les moindres bienfaits.

Si vous vous souvenez de chaque bienfait du Seigneur, vous aurez la bonne attitude quand vous serez promu. Vous vous souviendrez de Dieu quand vous serez promu ! Vous vous souviendrez de ceux qui vous ont aidé quand vous serez promu ! Vous vous souviendrez même de ceux qui ont souffert avec vous quand vous serez promu ! Le bon larron sur la croix savait que Jésus se souviendrait de ceux qui avaient souffert avec Lui.

Et il dit à Jésus : Seigneur, SOUVIENS-TOI DE MOI, QUAND TU VIENDRAS DANS TON RÈGNE.

Luc 23 : 42

Le bon larron sur la croix savait que Jésus était sur le point d'être promu. Il supplia Jésus de se souvenir de lui lorsqu'IL serait promu. N'est-ce pas ce pour quoi nous prions quand nos amis seront élevés ? Jésus promit de faire entrer le larron au paradis.

Malheureusement, quand quelqu'un d'ordinaire est promu dans la politique, le mariage ou le football, il ne se souvient plus des autres gens ordinaires. Je vous en prie, souvenez-vous de nous quand vous serez promu.

7. LES JUSTES SE SOUVIENNENT DE CE QUE DIEU FAIT AUX GENS COMME EUX.

Souvenez-vous de la femme de Lot.

Luc 17 : 32

Souvenez-vous de ce que le Seigneur fit à la femme de Lot. Jésus exhorta Ses disciples à se souvenir de la femme de Lot. La femme de Lot évoque ceux qui regardent en arrière au lieu de regarder en avant. Elle représente tous ceux qui suivent le Seigneur, mais dont le cœur est ailleurs.

J'ai vu des femmes de missionnaires qui vivaient avec leur mari sur le terrain de la mission, mais dont le cœur n'était pas sur le terrain. La femme de Lot regardait en arrière vers là d'où elle venait. Elle voulait retourner en arrière. La femme de Lot était une femme de missionnaire qui voulait retourner chez elle !

La femme de Lot ne méritait pas d'être parmi le petit nombre de personnes qui était sauvés. C'est pourquoi elle fut transformée en statue de sel. Chaque ministre devrait se souvenir de la femme de Lot. Chaque épouse de pasteur devrait se souvenir de la femme de Lot. Chaque chrétien devrait se souvenir de servir le Seigneur sans regarder en arrière.

Souvenez-vous aussi de ce que le Seigneur a fait pour Miriam. Souvenez-vous de ce qui est arrivé à quelqu'un comme vous !

> **Souviens-toi de ce que le Seigneur ton Dieu fit à Miriam [...]**
>
> **Deutéronome 24 :9**

Chaque fois que quelque chose arrive à quelqu'un comme vous, vous devez en prendre acte. C'est un message du Seigneur à votre attention.

Cela aurait pu vous arriver à vous, mais au lieu de cela, Dieu vous a épargné et a choisi de vous donner un avertissement. Le Seigneur dit aux Israélites de se souvenir de ce qui était arrivé à Miriam. Ce qui est arrivé à Miriam pourrait arriver à n'importe qui.

8. LES JUSTES SE SOUVIENNENT DES PAUVRES ET DES PRISONNIERS.

> **Ils nous recommandèrent seulement de nous SOUVENIR DES PAUVRES, ce que j'ai bien eu soin de faire.**
>
> **Galates 2 : 10**

Vous n'avez pas besoin qu'on vous exhorte à vous souvenir des riches. C'est naturel de se souvenir des personnes les plus éminentes.

Les pauvres, par contre, viennent à vous sous le fardeau de leurs problèmes et de leurs besoins. Ils ont besoin de votre aide et ils veulent obtenir de vous autant qu'ils le peuvent. La plupart d'entre nous détournent les yeux des besoins incessants des pauvres. L'Écriture est claire : nous devrions nous souvenir des pauvres et les inclure dans nos plans.

Les prisonniers font partie de notre société, mais ils sont hors de vue. Il est également facile de les oublier. Il est facile d'oublier leur existence même. L'Écriture nous dit de nous souvenir des gens en prison. Chaque église doit avoir un ministère consacré aux prisons. Chaque pasteur doit prêcher dans les prisons de son pays.

> **Souvenez-vous des prisonniers, comme si vous étiez aussi prisonniers ; de ceux qui sont maltraités, comme étant aussi vous-mêmes dans un corps.**
>
> **Hébreux 13 : 3**

9. LES JUSTES SE SOUVIENNENT DES SERVITEURS DE DIEU.

> **SOUVENEZ-VOUS DE CEUX QUI ONT AUTORITÉ SUR VOUS, qui vous ont déclaré la Parole de Dieu, desquels suivez la foi, considérant l'achèvement de leur conduite.**
>
> **Hébreux 13 : 7**

> **Je vous loue de ce que VOUS VOUS SOUVENEZ DE MOI À TOUS ÉGARDS, et de ce que vous retenez mes instructions telles que je vous les ai données.**
>
> **1 Corinthiens 11 : 2**

Nous devons aussi nous souvenir des serviteurs du Seigneur. De nombreux fidèles ont une vie stable et normale grâce à la direction et à l'inspiration qu'ils reçoivent de leur église. Pourtant, le pasteur est souvent le dernier dont on se souvient. Parfois, les gens parlent de leur nouvel emploi, de leurs nouveaux contrats et de l'augmentation de leur salaire. Souvent, tout ce que nous voyons est une nouvelle voiture, une nouvelle maison et davantage de célébrations.

Le pasteur n'est souvent pas pris en compte dans la nouvelle situation de prospérité. En fait, quand il se permet de demander de l'aide pour son ministère, on lui parle des crédits à rembourser et des factures à payer.

On informe aussi le pasteur que certains contrats et paiements ne se sont pas encore matérialisés. On lui promet ensuite qu'on se souviendra de lui quand les choses s'arrangeront. Quand les gens aident le ministère, souvent ils n'aident pas le pasteur lui-même.

Les justes se souviendront du pasteur qui travaille pour eux spirituellement.

10. LES JUSTES SE SOUVIENNENT DE CE QU'ILS ONT REÇU.

RAPPELLE-TOI DONC COMMENT TU AS REÇU ET ENTENDU, et garde, et repens-toi. Si tu ne veilles pas, je viendrai comme un voleur, et tu ne sauras pas à quelle heure je viendrai sur toi.

Apocalypse 3 : 3

Parfois, nous oublions les différents dons que nous avons reçus. Si Dieu vous a donné cinq talents, vous serez jugés sur l'utilisation des cinq. Beaucoup de gens ont oublié ce qu'ils ont reçu. Certains d'entre nous ont mis de côté leurs dons. Certains d'entre nous ont banalisé certains dons en pensant qu'ils ne valaient rien.

Un grand prophète a décrit une vision dans laquelle il vit le Seigneur. Il raconta comment le Seigneur l'avait réprimandé pour n'avoir pas utilisé le don de prophétie autant qu'il l'aurait dû.

Le Seigneur lui dit que sa vie serait raccourcie s'il ne se repentait pas et n'utilisait pas son don. Souvenez-vous de ce que vous avez reçu parce que vous devrez rendre compte de chaque don que vous avez reçu.

Chapitre 7

Sept effets spirituels du souvenir

1. LE SOUVENIR SUSCITE UN ÉVEIL CHEZ LE CROYANT.

Voici déjà, bien-aimés, la seconde lettre que je vous écris. Dans l'une et dans l'autre JE CHERCHE À ÉVEILLER PAR DES AVERTISSEMENTS VOTRE SAINE INTELLIGENCE

2 Pierre 3 : 1

Et je regarde comme un devoir, aussi longtemps que je suis dans cette tente, DE VOUS TENIR EN ÉVEIL PAR DES AVERTISSEMENTS

2 Pierre 1 : 13

Le souvenir éveille votre esprit et vous incite à réaliser de bonnes œuvres. La prédication puissante qui nous rappelle notre salut incite les chrétiens à gagner des âmes. La prédication puissante qui nous rappelle le ciel et l'enfer incite les chrétiens à gagner des âmes. Asseyez-vous et souvenez-vous de ce que le Seigneur vous a dit. Asseyez-vous et souvenez-vous de vos visions et de vos rêves. Soyez à nouveau plein d'ardeur en vous souvenant de ce que Dieu va accomplir avec vous.

2. LE SOUVENIR AFFERMIT LES GENS.

Voilà pourquoi je prendrai soin de vous rappeler ces choses, bien que vous les sachiez et QUE VOUS SOYEZ AFFERMIS DANS LA VÉRITÉ PRÉSENTE. Et je regarde comme un devoir, aussi longtemps que je suis dans cette tente, de vous tenir en éveil par des avertissements, car je sais que je la quitterai subitement, ainsi que notre Seigneur Jésus-Christ

me l'a fait connaître. Mais j'aurai soin qu'après mon départ vous puissiez toujours vous souvenir de ces choses.

2 Pierre 1 : 12-15

Pierre voulait que ses disciples soient affermis. Il leur écrivit cette lettre ayant cela à l'esprit.

Pierre voulait s'assurer qu'ils se souviendraient de certaines choses après sa mort. C'est pourquoi il leur écrivit cette lettre.

Les livres, les biographies et la connaissance de l'histoire vous permettront de vous souvenir et vous affermiront dans votre mission.

3. LE SOUVENIR REND LES GENS RECONNAISSANTS.

Je rends grâces à mon Dieu de tout le souvenir que je garde de vous.

Philippiens 1 : 3

Paul était reconnaissant quand il se souvenait des Philippiens. Le souvenir et la reconnaissance sont des vertus qui sont liées. Quand vous pensez à ce que Jésus a fait pour vous, votre cœur devrait être rempli de gratitude. Quand vous vous souvenez de ce que quelqu'un a fait pour vous, soyez reconnaissant pour la vie de cette personne.

4. LE SOUVENIR VOUS PERMET DE RECEVOIR LA SAINTE COMMUNION.

Et, après avoir rendu grâces, le rompit, et dit : Ceci est mon corps, qui est rompu pour vous ; FAITES CECI EN MÉMOIRE DE MOI.

1 Corinthiens 11 : 24

Les gens trouvent toutes sortes de raisons pour la Sainte Communion. Mais la raison principale de l'instauration de la Cène du Seigneur est le *souvenir*. Jésus, sachant à quel point les gens oublient, instaura la célébration de la Sainte Communion. Il voulait que les gens se souviennent de Son sacrifice pour eux.

5. LE SOUVENIR VOUS PERMET DE METTRE LA PAROLE EN PRATIQUE.

> **Mettez en pratique la parole, et ne vous bornez pas à l'écouter, en vous trompant vous-mêmes par de faux raisonnements. Car, si quelqu'un écoute la parole et ne la met pas en pratique, il est semblable à un homme qui regarde dans un miroir son visage naturel, et qui, après s'être regardé, s'en va, et oublie aussitôt quel il était.**
>
> **Jacques 1 : 22-24**

Quand les gens ne se souviennent pas de la Parole, ils se contentent de l'écouter mais ne la mettent pas en pratique. Vous devez mettre la Parole en pratique en vous souvenant des choses qui ne doivent pas être oubliées.

Beaucoup écoutent la Parole mais peu la mettent en pratique. Il est temps de mettre la Parole en pratique.

6. LE SOUVENIR VOUS FAIT AGIR VITE TANT QUE VOUS EN AVEZ LE TEMPS.

> **Car les vivants savent qu'ils mourront, mais LES MORTS ne savent rien du tout ; il n'y a plus pour eux de récompense, car LEUR MÉMOIRE EST OUBLIÉE.**
>
> **Ecclésiaste 9 : 5**

Parce que les morts sont vite oubliés, il est important d'accomplir votre ministère tant que vous êtes en vie. Les gens vous oublieront une fois que vous serez mort. Ne croyez pas que beaucoup sera accompli quand vous serez mort et enterré. Si vous avez quelque chose à faire, faites-le maintenant.

7. LE SOUVENIR DES MAUVAISES CHOSES PEUT VOUS TIRER EN ARRIÈRE.

> **Frères, je ne pense pas l'avoir saisi ; mais *JE FAIS UNE CHOSE* : OUBLIANT CE QUI EST EN ARRIÈRE et me portant vers ce qui est en avant, je cours vers le**

but, pour remporter le prix de la vocation céleste de Dieu en Jésus-Christ.

Philippiens 3 : 13-14

Bien que ce livre vous enseigne à vous souvenir, il y a des choses que vous devez oublier. Vous devez oublier certains de vos échecs et faire abstraction du découragement. Vous devez oublier vos succès afin qu'ils ne vous donnent pas un faux sentiment de réussite.

Vous concentrer sur vos victoires passées peut vous conduire à l'inactivité et vous rendre trop satisfait de vous-même. C'est pourquoi Paul décida d'oublier ce qui était en arrière et de se porter vers ce qui était en avant.

Chapitre 8

Les personnes que vous ne devez pas oublier

Ne déplace pas la borne ancienne, que tes pères ont posée.

Proverbes 22 : 8

Au cours de votre vie, vous rencontrerez des gens qui représentent des tournants de votre vie. Ces gens sont des repères dans votre cheminement vers Dieu. Vous devez croire qu'ils ne sont pas entrés dans votre vie par accident. Ils sont entrés dans votre vie parce que Dieu les a envoyés.

Rencontrez-vous des gens par accident ?

Le livre de Daniel commence par dire que Dieu avait livré Jojakim entre les mains de Nabuchodonosor. Les journaux auraient pu titrer : « Jojakim perd la bataille contre Nabuchodonosor ».

Mais du point de vue du Ciel, Dieu avait livré Jojakim à Nabuchodonosor !

Dans la troisième année du règne de Jojakim, roi de Juda, Nabuchodonosor, roi de Babylone, vint à Jérusalem, et l'assiégea.
Le Seigneur livra entre ses mains Jojakim, roi de Juda [...]

Daniel 1 : 1-2

Dieu fit intervenir Nabuchodonosor et déchut Jojakim. C'était le fait de la main de Dieu. Vous devez croire en la souveraineté de Dieu et qu'Il envoie les personnes de Son choix dans votre vie. Vous devez accueillir et recevoir quiconque Dieu envoie dans votre vie.

Au lieu de nous battre contre les gens que Dieu nous envoie, nous devons nous souvenir d'eux et les honorer. Tel est l'enseignement de la Bible. Vous pouvez voir dans le passage biblique ci-dessous que de nombreuses personnes luttent contre ceux qui leur sont envoyés.

> **[...] il envoya ses serviteurs vers les vignerons, pour recevoir le produit de sa vigne.**
>
> **Les vignerons, s'étant saisis de ses serviteurs, battirent l'un, tuèrent l'autre, et lapidèrent le troisième.**
>
> **Il envoya encore d'autres serviteurs, en plus grand nombre que les premiers ; et les vignerons les traitèrent de la même manière.**
>
> **Matthieu 21 : 34-36**

Dieu nous avertit de reconnaître Ses messagers.

J'essaie de reconnaître ceux qui m'ont été envoyés ! Ne vous contentez pas de communiquer avec les gens d'un point de vue naturel. Interprétez leur entrée dans votre vie comme un événement surnaturel. De cette façon, vous recevrez les bienfaits que vous apportent les nombreuses personnes que Dieu envoie divinement dans votre vie.

Les dix personnes que vous ne devez jamais oublier

1. ***Votre gagneur d'âme* : la personne qui vous a conduit à Christ**

> **Car, quand vous auriez dix mille maîtres en Christ, vous n'avez cependant pas plusieurs pères, puisque C'EST MOI QUI VOUS AI ENGENDRÉS en Jésus Christ par l'Évangile.**
>
> **1 Corinthiens 4 : 15**

Celui qui vous a amené au Seigneur sera assurément la personne la plus spéciale de votre vie. Votre plus grand trésor est votre salut. La personne qui vous aide à connaître le Seigneur est vraiment quelqu'un à ne jamais oublier.

Parce que je suis venu au Seigneur à travers un ministère appelé La Ligue pour la lecture de la Bible, le Seigneur m'a demandé de me souvenir d'eux et de les soutenir. Je ne peux pas oublier ceux qui se sont sacrifiés pour que je puisse connaître le Seigneur aujourd'hui.

Il est présomptueux de penser que le salut est un dû. C'est toujours par le labeur et les efforts de chrétiens dévoués que quelqu'un entend l'Évangile !

2. ***Votre premier enseignant* : La personne qui vous a enseigné les rudiments du Christianisme**

> **[...] vous avez encore besoin qu'on vous enseigne LES PREMIERS RUDIMENTS des oracles de Dieu [...]**
>
> **Hébreux 5 : 12**

Celui qui vient au Christ devra apprendre les principes élémentaires. La façon dont on vous enseigne les principes élémentaires du Christ détermine de façon définitive votre caractère spirituel. Certains commencent leur course chrétienne par beaucoup de jeûne et de prière. D'autres reçoivent une base solide des Écritures.

Tout cela détermine la façon dont vous évoluerez dans le Seigneur. Malheureusement, beaucoup de chrétiens charismatiques d'aujourd'hui n'ont pas une base solide dans le Seigneur.

Malheureusement, beaucoup de ceux qui leur ont enseigné les principes élémentaires du Christ n'ont pas fait un travail approfondi.

J'ai eu la chance que quelqu'un m'apprenne comment avoir mes temps de recueillement. Elle m'a enseigné les principes de base de Christ. Elle m'a enraciné dans l'Écriture et m'a fait découvrir que l'on peut utiliser la Bible pour répondre à toutes les questions pratiques de cette vie. J'ai appris à appliquer la Bible à ma vie quotidienne. Je ne peux pas oublier cette femme ; elle a été mon premier professeur et elle sera toujours précieuse dans ma mémoire.

3. *Votre inspiration* : La personne qui vous a conduit à embrasser le ministère

> **[...] Éli comprit que c'était le Seigneur qui appelait l'enfant.**
>
> **Et il dit à Samuel : Va, couche-toi ; et si l'on t'appelle, tu diras : Parle, Seigneur, car ton serviteur écoute. Et Samuel alla se coucher à sa place.**
> **Le Seigneur vint et se présenta, et il appela comme les autres fois : Samuel, Samuel ! Et Samuel répondit : Parle, car ton serviteur écoute.**
>
> **1 Samuel 3 : 8-10**

Éli encouragea Samuel à répondre à l'appel de Dieu. Éli fut le formateur de Samuel et il l'inspira à embrasser le ministère. Si Éli n'avait pas été là, Samuel n'aurait pas embrassé le ministère. Samuel n'aurait pas su ce qu'était l'appel de Dieu. Regardez dans votre vie et vous découvrirez qui vous a incité à embrasser le ministère.

La plupart des gens de ce monde vous décourageront d'embrasser le ministère. Beaucoup de chrétiens, y compris de ministres, découragent les gens d'embrasser un ministère à temps plein. Mais il y a quelques précieuses personnes qui vous encourageront à obéir à l'appel de Dieu. Ce sont des personnes spéciales et vous ne devez jamais les oublier.

4. *Votre exemple* : La personne qui vous a appris à prêcher

Il y a des gens qui entrent dans votre vie et vous enseignent certaines des compétences les plus précieuses de la vie. L'une des compétences les plus importantes dont vous aurez besoin pour votre ministère est la capacité de prêcher.

Combien de personnes dans ce monde peuvent vous apprendre à prêcher ? Il y a beaucoup de professeurs de biologie, de chimie et de physique, mais combien peuvent vous apprendre à prêcher ?

Si vous avez été exposé à une personne qui vous a enseigné à prêcher, alors vous avez rencontré l'un des rares trésors de la vie !

5. ***Votre professeur de vie*** **: La personne qui vous a enseigné les choses de la vie**

[...] sois UN MODÈLE pour les fidèles, EN PAROLE, EN CONDUITE, EN CHARITÉ, EN FOI, EN PURETÉ.

1 Timothée 4 : 12

En général, il existe quelqu'un qui vous enseigne beaucoup de choses sur la vie. Comme vous pouvez le voir dans le passage de l'Écriture ci-dessus, Paul fut un exemple en paroles et en bien d'autres choses. Beaucoup d'entre nous n'ont pas de bons exemples de mariage et de vie familiale.

Souvent, vous apprendrez beaucoup sur la vie à travers des exemples que Dieu vous envoie. Dieu savait que votre foyer ne serait pas en mesure de vous former en tout. Il a suscité d'autres personnes pour combler les lacunes dans votre éducation. Vous devez aussi apprendre de ces personnes.

6. ***Votre formateur*** **: La personne qui vous a formé dans le ministère**

Et ce que tu as entendu de moi en présence de beaucoup de témoins, confie-le à des hommes fidèles, qui soient capables de l'enseigner aussi à d'autres.

2 Timothée 2 : 2

Mes premiers bons sermons furent ceux que j'ai copiés de Kenneth Hagin. Il y a des gens à travers qui vous devenez oint et chevronné pour accomplir le travail de Dieu. Il y a aussi des gens qui vous apprendront à prier, à jeûner et à servir le Seigneur. Leurs conseils sont précieux et font toute la différence.

Dieu m'a béni en mettant sur ma route divers hommes oints à travers lesquels j'ai appris des choses sur le ministère. Dieu m'a béni et m'a oint un jour de juillet 1988 par le biais de la personne que je considère comme mon formateur dans le ministère. J'aimais l'écouter et entendre tout ce qu'il avait à dire au sujet du ministère.

J'aimais lire ses livres et y glaner tout ce que je pouvais. Tout ce que je savais du vrai ministère, je l'avais appris de lui. Il fut certes un formateur spécial envoyé par Dieu dans ma vie !

J'étais dans un minibus à Nairobi au Kenya, quand j'appris la nouvelle que mon formateur était décédé. J'en eus le cœur brisé et je pleurai dans le bus qui nous menait vers l'hôtel. J'avais l'impression que quelqu'un avec qui j'avais vécu était décédé.

Peut-il y avoir quelqu'un de plus précieux que celui par lequel vous accédez à la plus grande vocation jamais offerte aux hommes ? Pouvez-vous jamais oublier une telle personne ? Sans aucun doute, si le ministère vous est précieux, celui qui vous y a formé sera une personne très spéciale !

7. ***Votre lanceur* : La personne qui vous a offert une opportunité dans le ministère**

Alors BARNABAS, L'AYANT PRIS AVEC LUI, LE CONDUISIT vers les apôtres, et leur raconta comment sur le chemin Saül avait vu le Seigneur, qui lui avait parlé, et comment à Damas il avait prêché franchement au nom de Jésus.

Actes 9 : 27

En décembre 1991, mon pasteur m'ordonna ministre de Dieu. Il m'imposa les mains et me fit entrer dans le ministère devant une grande assemblée à Londres. Après cela, il m'offrit une opportunité de prêcher dans son église. Je lui suis toujours reconnaissant du grand honneur qui me fut fait.

Vous ne pouvez pas vous ordonner vous-même. C'est le privilège d'un ministre principal de vous reconnaître publiquement et de vous recommander à la congrégation. On ne doit jamais oublier ces personnes. Plusieurs années ont passé, mais je n'ai pas oublié comment et par qui Dieu m'a lancé dans le ministère.

8. *Votre père* : La personne qui vous a aimé et a eu foi en vous

Paul fut un père pour Timothée. De nombreux ministres ne sont tout simplement pas des pères. Élie fut un père dans le ministère et il laissa derrière lui un fils, Élisée. Élisée n'avait aucune patience pour les fonctionnaires cupides qui n'étaient pas aussi passionnés de l'onction que lui. Lorsque l'occasion se présenta, Élisée maudit Guéhazi, et ce fut la dernière fois qu'on entendit parler de lui. Malheureusement, beaucoup de grands ministres ne laissent personne derrière eux pour prendre la relève.

> **J'espère [...] vous envoyer bientôt Timothée [...]. Vous savez qu'il a été mis à l'épreuve, en se consacrant au service de l'Évangile avec moi, comme un enfant avec son père.**
>
> **Philippiens 2 : 19-22**

Un père est quelqu'un qui a foi en vous et vous aime. Malheureusement, de nombreux ministres manquent d'assurance et sont incapables de jouer le rôle de père. J'ai rencontré beaucoup de grands ministres qui semblent intimidés par mon ministère. J'ai rarement ressenti de l'amour ou de la foi de la part de ces personnes. Pour la plupart, j'ai ressenti de la suspicion et de la méfiance de la part des gens qui auraient dû être des pères.

Je prie pour que, quand mon tour viendra, Dieu fasse de moi un père aimant envers quelqu'un.

9. *Votre précurseur* : La personne qui marche devant vous et se bat pour vous

Ce sont les gens dont la vie est un exemple qui vous enseignent. Ils font l'expérience de beaucoup de choses devant vos yeux et Dieu attend de vous que vous regardiez de près et que vous appreniez quelque chose. Dieu m'a permis de voir et d'apprendre quelque chose de nombreux merveilleux apôtres qui m'ont précédé. Ils ont mené des batailles pour toute l'église et je ne fais que profiter tout simplement des avantages de leurs expériences malheureuses.

Salomon est entré dans les victoires que son père avait gagnées. David a passé toute sa vie à mener une bataille après l'autre. À la mort de David, il y restait peu d'ennemis que Salomon devait conquérir. Salomon passa son temps à construire, pas à se battre. Il a même utilisé ses armées pour la construction au lieu de la guerre. Salomon semble peut-être avoir accomplir beaucoup, mais c'est parce que David lui avait ouvert la voie !

Moïse est un autre exemple de précurseur. Moïse endura les critiques et la dureté de cœur de la nation d'Israël. Il n'a pas connut un seul jour de paix alors qu'il conduisait des millions d'Israélites qui murmuraient. Il dut réprimer une rébellion après l'autre tout en écrivant leurs lois.

Au moment où Josué apparut, tous ceux qui murmuraient et critiquaient étaient morts. La nation entière avait appris la leçon de ce qui arrive aux mécontents, aux désobéissants et aux incrédules. Ils savaient maintenant que leur vie dépendait de leur foi et de leur obéissance à leur chef.

Josué récolta les fruits de la souffrance de Moïse. Il jouit d'un ministère avec des gens loyaux prêts à éliminer tous ceux qui osaient se plaindre.

> **Tout homme qui sera rebelle à ton ordre, et qui n'obéira pas à tout ce que tu lui commanderas, SERA PUNI DE MORT. Fortifie-toi seulement, et prends courage !**
>
> **Josué 1 : 18**

Ils promirent à Josué de tuer quiconque se rebellerait contre lui. Voyez-vous de quelle attitude différente et positive jouit Josué ? Moïse subit des critiques pendant des années pour que Josué puisse avoir un ministère plus facile. Pouvez-vous imaginer tout ce que Moïse aurait pu réaliser s'il avait auprès de lui des personnes aussi engagées ?

10. ***Votre mécène*** **: La personne qui vous a aidé financièrement**

> **Vous le savez vous-mêmes, Philippiens [...] aucune Église n'entra en compte avec moi pour ce qu'elle donnait et recevait ; vous avez été les seuls à le faire, car vous m'avez envoyé déjà à Thessalonique, et à deux reprises, de quoi pourvoir à mes besoins.**
>
> **Philippiens 4 : 15-16**

Dieu a utilisé certaines personnes pour financer mon ministère. Ma grande sœur m'a soutenu dans le ministère quand j'ai commencé. Grâce à son soutien financier mensuel, je fus capable de me lancer dans le ministère à temps plein en 1991. Sans son soutien, je ne serais pas là où je suis aujourd'hui. Je lui suis toujours reconnaissant et je me souviens toujours d'elle en privé et publiquement.

Ma propre mère m'a aidé dans le ministère. Grâce à son soutien financier, j'ai pu vivre au Ghana et continuer dans le ministère. Ce fut ainsi que Dieu subvint à mes besoins. Comment puis-je oublier ces personnes ? Ce serait un péché devant le Seigneur. Quelle que soit la façon dont le Seigneur m'élève et me bénit financièrement, je dois me souvenir de ceux qui m'ont soutenu dès le début.

Chapitre 9

Cinq commémorations qui luttent contre l'oubli

Dieu dans Sa sagesse instaura des commémorations pour nous aider à nous souvenir des choses importantes que nous ne devons jamais oublier. Dans ce chapitre, je veux partager quelque chose sur la sagesse des commémorations qui nous aident à nous souvenir.

1. Les fêtes commémoratives

Trois fois par année, tu célébreras des fêtes en Mon honneur.

Exode 23 : 14

Dieu a ordonné trois fêtes principales pour Israël. Ces fêtes commémoraient plusieurs événements importants dans la vie de la nation d'Israël. Elles devaient servir de rappels de choses importantes que le Seigneur leur avait enseignées lors de leur marche avec Lui.

Je présente ci-dessous un aperçu de ces trois fêtes. La fête de la Pâque avait lieu pendant le premier mois de l'année, la fête de la Pentecôte pendant le troisième, et la Fête des Tabernacles pendant le septième.

Ce que vous devriez savoir sur la Fête de la Pâques

Cette nuit-là, je passerai dans le pays d'Égypte, et je frapperai tous les premiers-nés du pays d'Égypte, depuis les hommes jusqu'aux animaux, et j'exercerai des jugements contre tous les dieux de l'Égypte. Je suis le Seigneur.

Vous conserverez le souvenir de ce jour, et vous le célébrerez par une fête en l'honneur du Seigneur ;

vous le célébrerez comme une loi perpétuelle pour vos descendants.

Exode 12 : 12-14

1. Le but de cette fête était de rappeler aux enfants d'Israël leur délivrance de la servitude d'Égypte ; la mort du premier-né.

   Il voulait qu'ils se souviennent toujours de ce qu'Il avait fait pour eux afin qu'ils Le servent et Lui fassent confiance pour l'avenir.

2. On appelait également cette fête de la Pâques les Jours des Pains Sans Levain. Elle a été ordonnée par Dieu. « Le Seigneur dit à Moïse et à Aaron dans le pays d'Égypte : Ce mois-ci sera pour vous le premier des mois ; il sera pour vous le premier des mois de l'année » (Exode 12 : 1-2).

3. La fête de la Pâque commençait le quatorzième jour du premier mois au soir. « Le premier mois, le quatorzième jour du mois, au soir, vous mangerez des pains sans levain jusqu'au soir du vingt et unième jour. Pendant sept jours, il ne se trouvera point de levain dans vos maisons ; car toute personne qui mangera du pain levé sera retranchée de l'assemblée d'Israël, que ce soit un étranger ou un indigène » (Exode 12 : 18-19).

4. La fête de la Pâque durait sept jours durant lesquels on mangeait des pains sans levain. « Pendant sept jours, vous mangerez des pains sans levain... » (Exode 12 : 15).

Ce que vous devriez savoir sur la Fête de la Pentecôte

Tu observeras la fête de la moisson, des prémices de ton travail, de ce que tu auras semé dans les champs [...]

Exode 23 : 16

1. Le but de ce festival était de célébrer leurs prémices. Les prémices sont une bénédiction du Seigneur. Les prémices appartiennent à Dieu. Dieu a institué cette fête pour rappeler aux enfants d'Israël la façon dont Il bénit les prémices.

   C'est une bénédiction d'avoir un enfant. Le premier enfant est le plus difficile à avoir. On le donne donc au Seigneur comme offrande spéciale. Les prémices de la récolte sont également une offre spéciale au Seigneur. C'est la dîme et elle appartient à Dieu. (Lévitique 27 : 30).

2. On appelait également cette fête le Jour de la Pentecôte, la Fête des Semaines et le Jour des Prémices.

3. La Fête de la Pentecôte avait lieu le cinquantième jour après avoir offert la première gerbe de la moisson des orges. « Depuis le lendemain du sabbat, du jour où vous apporterez la gerbe pour être agitée de côté et d'autre, vous compterez sept semaines entières. Vous compterez cinquante jours jusqu'au lendemain du septième sabbat ; et vous ferez au SEIGNEUR une offrande nouvelle » (Lévitique 23 : 15-16).

4. On devait observer la Fête de la Pentecôte perpétuellement. « Ce jour même, vous publierez la fête, et vous aurez une sainte convocation : vous ne ferez aucune œuvre servile. C'est une loi perpétuelle pour vos descendants, dans tous les lieux où vous habiterez » (Lévitique 23 : 21).

5. Tout le monde devait assister à la Fête de la Pentecôte. « Trois fois par année, tous les mâles se présenteront devant le Seigneur DIEU » (Exode 23 : 17).

6. La fête de la Pentecôte était un jour de sainte réjouissance. « Tu te réjouiras devant le SEIGNEUR ton Dieu [...] » (Deutéronome 16 : 11).

Ce que vous devriez savoir sur la Fête des Tabernacles

> **[...] afin que vos descendants sachent que j'ai fait habiter sous des tentes les enfants d'Israël, après les avoir fait sortir du pays d'Égypte. Je suis le SEIGNEUR votre Dieu.**
>
> **Lévitique 23 : 43**

1. Le but de la fête était de commémorer le séjour d'Israël dans le désert. Une fois de plus, Dieu voulait que les enfants d'Israël n'oublient pas l'expérience et les leçons du désert.

2. Durant cette fête, ils devaient aller sous des tentes et se rappeler ce que c'était que de vivre dans le désert. Imaginez-vous sortir de votre maison chaque année pour aller vivre sous une tente pendant une semaine.

   Quel en était le principe ? Dieu voulait que les Israélites se souviennent de l'expérience du désert. Il voulait qu'ils se souviennent de toutes les leçons de ces quarante ans. N'oblitérez pas et n'effacez pas vos jours de désert. Vous devez vous souvenir de chaque expérience douloureuse que vous avez vécue. Souvenez-vous de votre *siniazos*. Le mot grec *siniazo* signifie « secouer dans un tamis » et « provoquer une agitation intérieure et éprouver sa foi jusqu'à sa limite ».

3. Cette Fête des Tabernacles commençait par une journée où l'on sonnait de la trompette ; elle avait lieu le premier jour du septième mois. C'était une commémoration où l'on sonnait de la trompette, une sainte convocation et un temps de repos. On faisait des sacrifices lors de ce festival.

4. Pendant la Fête des Tabernacles, les gens habitaient des tentes. « Vous demeurerez pendant sept jours sous des tentes ; tous les indigènes en Israël demeureront sous des tentes » (Lévitique 23 : 42).

5. On appelait également la Fête des Tabernacles la Fête des Tentes. « Parle aux enfants d'Israël, et dis : Le quinzième jour de ce septième mois, ce sera la fête des tentes en l'honneur du SEIGNEUR, pendant sept jours » (Lévitique 23 : 34).

6. La Fête des Tabernacles avait lieu pendant la moisson. « Tu célébreras la fête des tabernacles pendant sept jours, quand tu recueilleras le produit de ton aire et de ton pressoir » (Deutéronome 16 : 13).

7. La Fête des Tabernacles commençait le quinzième jour du septième mois. « Le quinzième jour de ce septième mois [...] » (Lévitique 23 : 34).

8. La Fête des Tabernacles durait sept jours. « [...] la fête des Tabernacles en l'honneur du SEIGNEUR, pendant sept jours » (Lévitique 23 : 34).

9. Tous les mâles devaient assister à la Fête des Tabernacles. « Trois fois par année, tous les mâles se présenteront devant le Seigneur DIEU » (Exode 23 : 17).

10. La Fête des Tabernacles devait être un temps de repos. « Le premier jour, il y aura une sainte convocation : vous ne ferez aucune œuvre servile. Le quinzième jour du septième mois, quand vous récolterez les produits du pays, vous célébrerez donc une fête au SEIGNEUR pendant sept jours : le premier jour sera un jour de repos, et le huitième sera un jour de repos » (Lévitique 23 : 35-39).

11. On devait observer la fête des Tabernacles perpétuellement. « Ce jour même, vous publierez la fête, et vous aurez une sainte convocation : vous ne ferez aucune œuvre servile. C'est une loi perpétuelle pour vos descendants, dans tous les lieux où vous habiterez » (Lévitique 23 : 21).

12. La Fête des Tabernacles était un temps de saintes réjouissances. « Tu te réjouiras devant le SEIGNEUR ton Dieu [...] » (Deutéronome 16 : 11).

2. Les cérémonies commémoratives

Le temps où Élisabeth devait accoucher arriva, et elle enfanta un fils. Ses voisins et ses parents apprirent que le Seigneur avait fait éclater envers elle sa miséricorde, et ils se réjouirent avec elle. Le huitième jour, ils vinrent pour circoncire l'enfant, et ils l'appelaient Zacharie, du nom de son père.

Luc 1 : 57-59

Jean le Baptiste fut nommé et dédié au Seigneur quelques jours après sa naissance. Son entrée dans ce monde fut marquée par une petite cérémonie à la maison. Cette cérémonie est mentionnée dans la Bible et elle nous rappelle pour toujours la naissance surnaturelle de Jean.

Dieu instaura également des cérémonies pour que nous n'oubliions pas les engagements importants que nous avons pris. Les mariages et les cérémonies de dédicace des bébés sont des cérémonies populaires que nous connaissons bien. On peut se marier sans aucune cérémonie. Une déclaration par un pasteur suffit à instaurer un mariage entre deux personnes si elles croient en la proclamation du pasteur.

Cependant, la plupart des gens n'entrent pas dans cette alliance à la légère ou sans cérémonie. Ils marquent l'événement en dépensant beaucoup pour la décoration, les vêtements, la nourriture et la fête. Parce que l'alliance matrimoniale est marquée par une telle cérémonie, il n'est pas facile de la briser ou de s'en désengager. Tel est le pouvoir des cérémonies commémoratives. Ces cérémonies contribuent largement à nous rappeler les engagements importants que nous prenons.

3. Les commémorations et monuments

Josué leur dit : Passez devant l'arche du Seigneur votre Dieu, au milieu du Jourdain, et que chacun de vous charge une pierre sur son épaule, selon le nombre des tribus des enfants d'Israël, afin que cela soit un SIGNE au milieu de vous.

Lorsque vos enfants demanderont un jour : Que signifient pour vous ces pierres ?

Vous leur direz : LES EAUX DU JOURDAIN ONT ÉTÉ COUPÉES DEVANT L'ARCHE de l'alliance du Seigneur ; lorsqu'elle passa le Jourdain, les eaux du Jourdain ont été coupées, et ces pierres seront à jamais un souvenir pour les enfants d'Israël.

Josué 4 : 5-7

Il y a des moments où des monuments doivent être érigés afin de garder nos souvenirs vivants. Parfois, des choses doivent être nommées d'après quelqu'un pour qu'on se souvienne de la contribution de la personne. Londres est une ville de monuments et de commémorations tandis que beaucoup d'autres villes n'ont pas de monuments et ne commémorent personne.

J'ai nommé l'une des chapelles de notre église « la chapelle Adelaïde » pour rappeler la contribution de ma femme à ma vie et mon ministère. C'est une commémoration importante pour l'avenir. Comme le nombre de personnes travaillant dans le ministère augmente, on oublie souvent la contribution des fidèles.

Un jour, je suis allé dans une église dans laquelle la femme du pasteur était décédée. Plusieurs choses portaient le nom de son ancienne épouse. Il était impossible de passer une journée dans l'église sans se souvenir de sa contribution. Il avait une nouvelle épouse, mais on se souvenait de la premièrew femme !

4. Les rituels commémoratifs

Et, après avoir rendu grâces, le rompit, et dit : Ceci est mon corps, qui est rompu pour vous ; faites ceci EN MÉMOIRE de moi.

De même, après avoir soupé, il prit la coupe, et dit : Cette coupe est la nouvelle alliance en mon sang ; faites ceci EN MÉMOIRE de moi toutes les fois que vous en boirez.

> **Car toutes les fois que vous mangez ce pain et que vous buvez cette coupe, vous annoncez la mort du Seigneur, jusqu'à ce qu'il vienne.**
>
> **1 Corinthiens 11 : 24-26**

Notre Seigneur Jésus a institué le rite de la communion pour nous rappeler Sa mort. Un jour, les diacres de l'église glissèrent une note sur la chaire du pasteur d'une grande église. La note avait un simple message qui disait : « Pasteur, nous voudrions voir Jésus. » Ils citaient en fait Jean 12 : 21.

Ils s'adressèrent à Philippe, de Bethsaïda en Galilée, et lui dirent avec instance : SEIGNEUR, NOUS VOUDRIONS VOIR JÉSUS.

Le pasteur était très surpris. Il délivra son sermon avec difficulté le matin puis se retira dans son étude. Il n'arrivait pas à croire le message qu'il avait reçu des diacres. Mais il comprenait ce que cela voulait dire !

Le pasteur dit plus tard : « Quand j'ai vu la note, j'ai su immédiatement ce que cela voulait dire. Ma prédication avait perdu de vue Christ et se bornait désormais à donner de bons conseils pour la vie. Mes sermons étaient juste des conseils pour résoudre les besoins ressentis par les gens. Je savais que je m'étais éloigné de l'enseignement de Jésus Christ. J'avais délaissé la véritable Écriture et était devenu un enseignant de la réussite, de la pensée positive et de l'autonomie. »

Tout comme les Grecs ne voulaient pas voir Philippe mais voulaient voir Jésus lui-même, les gens qui viennent dans nos églises veulent voir Jésus. Les gens qui viennent dans nos églises ont besoin de Jésus ! Malheureusement, nous les ministres mettons souvent Jésus Christ de côté. Mais Jésus doit être au centre de tout ce que nous faisons.

C'est pourquoi le Seigneur a institué le rite de la Cène du Seigneur. Il est facile de s'éloigner de l'essentiel. Mais l'essentiel sera toujours l'essentiel !

Satan aime pousser les chrétiens sur des voies qui sont proches et parallèles à la voie réelle. Il nous pousse à faire de bonnes choses qui ne sont pas la volonté de Dieu. À cause de directives démoniaques, il y a beaucoup d'activité chrétienne, mais une grande partie du but de Dieu est mise de côté.

5. Les monuments surnaturels

Le rappel surnaturel donné à Paul

Quand vous servez le Seigneur et obéissez à Sa Parole, Il vous élèvera. Mais il est facile d'oublier que vous êtes une personne insignifiante bénie par Dieu Tout-Puissant. Notre nature charnelle tend à s'enorgueillir aussi vite qu'une pierre tombe d'une hauteur. Dans Sa miséricorde, Dieu doit envoyer des messagers de Satan pour nous souffleter afin que nous ne nous enflions pas d'orgueil.

Les messagers de Satan sont des rappels surnaturels qui nous rappellent constamment notre mortalité et notre insignifiance.

Peut-être que sans certains de ces rappels surnaturels, nous partirions sur la tangente et prétendions être des super héros qui ont du succès et qui savent tout.

> **Et pour que je ne sois pas enflé d'orgueil, à cause de l'excellence de ces révélations, il m'a été mis une écharde dans la chair, un ange de Satan pour me souffleter et m'empêcher de m'enorgueillir.**
>
> **2 Corinthiens 12 : 7**

Je remercie Dieu pour les choses qu'Il a envoyées pour me souffleter.

Un jour, le Seigneur me dit qu'Il était désolé d'avoir dû permettre à certaines choses d'arriver dans ma vie. Il me dit qu'Il m'avait béni dans le ministère bien davantage que ce que beaucoup d'autres le souhaiteraient.

L'Esprit Saint m'a montré que l'effet potentiel de fierté de ces bénédictions était très dangereux. Il m'avait donc envoyé des messagers de Satan qui devaient me mettre dans un état pitoyable et me faire tomber à genoux dans un grand désespoir. Il me dit que ces messagers de Satan étaient nécessaires pour me protéger de l'orgueil et d'autres maux spirituels.

Parfois, quand je suis souffleté, je me sens tellement rabaissé que je me sens pire que le pire des misérables.

Je me demande : « Comment la personne la plus faible peut-elle être le pasteur de l'église ?

Comment quelqu'un dont les prières ne sont pas exaucées peut-il diriger une congrégation ?

Comment quelqu'un de déprimé peut-il aider quelqu'un d'autre ? »

Dans ces moments-là, je ne vois ni victoire ni succès dans mon ministère. À cause de ces messages qui me soufflettent, je tombe à genoux en larmes.

Dieu me dit d'embrasser (et non de combattre) ces choses pénibles qui sont les reproches et les infirmités de ma vie. En fait, j'en suis arrivé à découvrir que lorsque je prenais plaisir dans ces infirmités, la puissance du Christ reposait sur moi.

> **[...] Je me glorifierai donc bien plus volontiers de mes faiblesses, afin que la puissance de Christ repose sur moi.**
>
> **2 Corinthiens 12 : 9**

Le rappel surnaturel donné à Nabuchodonosor

Nabuchodonosor souffrait d'une maladie mentale ; elle lui rappelait que c'était Dieu qui commandait ce monde et non pas lui ! Nabuchodonosor avait besoin de ce rappel surnaturel pour le remettre à sa place. On lui dit :

> **[...] Ô roi, voici le décret du Très-Haut, qui s'accomplira sur mon seigneur le roi. ON TE CHASSERA DU MILIEU DES HOMMES, tu auras ta demeure avec les bêtes des champs, et l'on te donnera comme aux bœufs de l'herbe à manger ; tu seras trempé de la rosée du ciel, et sept temps passeront sur toi, JUSQU'À CE QUE TU SACHES QUE LE TRÈS-HAUT DOMINE sur le règne des hommes et qu'Il le donne à qui Il lui plaît.**
>
> **Daniel 4 : 24-25**

Après ce rappel surnaturel, Nabuchodonosor fut transformé en roi humble. Il vécut et régna humblement après que Dieu lui ait surnaturellement rappelé qui il était vraiment.

Le rappel surnaturel donné à Belschatsar

Belschatsar, le fils de Nabuchodonosor, eut également besoin d'un rappel surnaturel pour le remettre à sa place. Malheureusement, ce rappel survint le jour de sa mort. Dieu attendait de lui qu'il tire les leçons de la vie de son père, en particulier de la maladie mentale de son père.

> **Et toi, Belschatsar, son fils, tu n'as pas humilié ton cœur, quoique tu susses toutes ces choses. C'est pourquoi il a envoyé cette extrémité de main qui a tracé cette écriture.**
>
> **Daniel 5 : 22-24**

Parfois, quelque chose qui arrive à quelqu'un juste devant vous est un rappel surnaturel de la voie à suivre et des choses à éviter. Puissent vos yeux être ouverts pour comprendre les rappels surnaturels qui sont placés devant vous !

Conclusion

C'est ma prière, ô mon fils, que ce traité sur le thème du souvenir que j'ai essayé de partager avec toi soit gravé dans ton cœur.

Il n'y a en fait pas de fin à la réalisation de nombreux ouvrages !

Je dois donc arriver à une conclusion ici. Je prie que Dieu te bénisse avec une loyauté durable, afin que tu entendes un jour ces mots bénis : « C'est bien, bon et fidèle serviteur ».

Les livres de

Dag Heward-Mills

1. Loyauté et déloyauté
2. Loyauté et déloyauté - Ceux qui vous accuse
3. Loyauté et déloyauté - Ceux qui sont des fils dangereux
4. Loyauté et déloyauté - Ceux qui sont ignorant
5. Loyauté et déloyauté - Ceux qui oublient
6. Loyauté et déloyauté - Ceux qui vous quittent
7. Loyauté et déloyauté - Ceux qui prétendent
8. La croissance de l'Eglise
9. L'implantation de l'Eglise
10. La méga église (2ème Edition)
11. Recevoir l'onction
12. Etapes menant à l'onction
13. Les douces influences de l'onction
14. Amplifiez votre ministère par les miracles et les manifestations du Saint Esprit
15. Transformer votre ministère pastoral
16. L'art d'être berger
17. L'art de leadership (3ème Edition)
18. L'art de suivre
19. L'art de ministère
20. L'art d'entendre (2ème Edition)
21. Perdre, Souffrir, Sacrifier et Mourir
22. Ce que signifie devenir berger
23. Les dix principales erreurs que font les pasteurs
24. Car on donnera à celui qui a et à celui qui n'a pas on ôtera même ce qu'il a
25. Pourquoi les chrétiens qui ne paient pas la dime deviennent pauvres et comment les chrétiens qui paient la dime peuvent devenir riches.
26. La puissance du sang
27. Anagkazo
28. Dites-leur
29. Comment naître de nouveau et éviter l'enfer
30. Nombreux sont appelés
31. Dangers spirituels
32. La Rétrogradation
33. Nommez-le! Réclamez-le ! Prenez-le !
34. Les démons et comment les affronter
35. Comment prier
36. Formule pour l'humilité
37. Ma fille, tu peux y arriver
38. Comprendre le temps de recueillement
39. Ethique ministérielle (2ème Edition)
40. Laikos

www.ingramcontent.com/pod-product-compliance
Lightning Source LLC
LaVergne TN
LVHW020648100826
845148LV00012B/2372

* 9 7 8 9 9 8 8 8 5 0 1 6 6 *